AM **TAGLIAMENTO**

D1995198

Werner Freudenberger

AM TAGLIAMENTO

Entdeckungen zwischen Alpen und Adria

styria verlag

Hinweis für Benützer dieses Buchs (Wanderer, Radfahrer, Spaziergänger):
Die Auswahl und Beschreibung der Touren erfolgte nach bestem Wissen und Gewissen des Autors. Durch Naturereignisse, aber auch durch menschliche Aktivitäten können sich Änderungen des Zustands und Verlaufs von Wegen, Straßen und Brücken ergeben. Die Benutzung dieses Führers erfolgt auf eigene Gefahr. Der Verlag und der Autor übernehmen keinerlei Haftung.

ISBN 978-3-222-13549-1

styria verlag

Wien – Graz – Klagenfurt
© 2017 by Styria Verlag
in der Verlagsgruppe Styria GmbH & Co KG
Alle Rechte vorbehalten

Bücher aus der Verlagsgruppe Styria gibt es
in jeder Buchhandlung und im Online-Shop
www.styriabooks.at

Lektorat: Nicole Richter
Covergestaltung: Florian Zwickl
Buchgestaltung: Andrea Malek, Malanda-Buchdesign
Kartografie: Walter Liebhart

Druck und Bindung: AduPrint
Printed in the EU

7 6 5 4 3 2 1

INHALT

Nichts auf dieser Welt wird von diesem schimmernden Horizont übertroffen, der sich am Ufer des Tagliamento in tausend verschiedenen Schattierungen in der Unendlichkeit verliert, von den vielen Rinnsalen, die das breite Kiesbett wie ein Netz durchziehen und sich bei Sonnenuntergang in bebendes Silber verwandeln, wobei jedes Steinchen und jede sich kräuselnde Welle ein eigenes Licht verströmt, so wie jeder Stern im Blau der Nacht sein eigenes Licht entzündet.

Ippolito Nievo, März 1856

INS **SCHWÄRMEN KOMMEN**

Meine ersten Begegnungen mit dem „König der Alpenflüsse" liegen Jahrzehnte zurück und hatten stets mit einer Reise ans Meer zu tun. Damals gab es durch das Kanaltal noch keine Autobahn und so war man auf langen Abschnitten mit dem ungewohnt breiten Schotterbett der Fella und weiter südlich mit dem noch breiteren des Tagliamento konfrontiert. Ich fand das damals überhaupt nicht malerisch oder gar königlich und konnte der riesigen Steinwüste mit dem bisschen Wasser da und dort nichts abgewinnen, im Gegenteil, ich fand diese Landschaft reizlos und langweilig. Wahrscheinlich war ich zu jung, um die Schönheit dieser Gegend zu begreifen. Erst etliche Jahre später erwachte mein Interesse für dieses außergewöhnliche Szenario und allmählich begann ich mich für die mäandrierenden Wasserläufe in der riesigen Schotterwüste zu begeistern. Im heutigen Jargon würde man sagen, ich fand den Tagliamento plötzlich irgendwie cool.

Dieser urtümliche Charakter, die archaische Landschaft, die wilde und ungezähmte Natur, ich lernte sie schätzen und konnte mit Begeisterung den Fluss im breiten Schotterbett viele Stunden entlangspazieren, Pflanzen und Blumen bewundern, die sich hier behaupten können, oder exotisches Treibgut untersuchen, das der Tagliamento von weither mitgeschleppt hat. Am meisten faszinieren mich die unzähligen Steine in den verschiedensten Farben, Formen und Größen. In meinem Arbeitszimmer, wie auch im Garten, habe ich mittlerweile sicherlich weit über hundert solcher Steine an verschiedenen Plätzen postiert. Ich weiß inzwischen, woher sie stammen könnten, und versuche laienhaft, das Gestein zu bestimmen. Ziegel kann ich sofort erkennen, Schlackenklumpen auch, weil sie schwarz sind und schwer. Ich muss noch üben, aber es macht Freude.

Freude wie die Arbeit an diesem Buch, worum mich, wie ich inzwischen weiß, einige meiner Freunde ein wenig beneiden. Ich wusste vorher nicht, dass der Tagliamento so viele Bewunderer hat, unter ihnen so manche, die schon immer einmal dem Fluss bis ans Meer folgen wollten, zu Fuß, mit dem Fahrrad oder in einem Kanu.

Tagliamento bei Cimano

Mit jedem Ausflug, jeder Wanderung und jedem Foto bin ich dem Tagliamento ein wenig näher gekommen, sodass ich heute sagen kann, er ist mir sehr vertraut. Wenn mich jemand fragt, warum er mir gefällt, komme ich ins Schwärmen. Über die unvergleichlichen und betörenden Farbnuancen des Wassers, die sich stets verändern, je nach Wasserpegel, Witterung und Tageszeit, die ausladenden Arme, mit denen er im Flussbett scheinbar je nach Laune um sich greift, die Fülle an bunten Steinen, die er aus den Bergen mitbringt, und die zahllosen Inseln, die er geformt hat, um vielleicht später an ihnen sein Treibgut abzulegen – Kleinholz, Zweige oder ganze Bäume. Man nennt es zwar Totholz, in Wahrheit ist es aber rasch wieder von Leben erfüllt, besiedelt von allerlei Pflanzen, Käfern, Spinnen und Reptilien. Einige solcher Inseln sind beständig, andere mit dem nächsten Hochwasser wieder verschwunden. Der Tagliamento erinnert mich an ein Kind, das im Sandkasten Burgen baut, kleine Wassergräben mit dem Eimer befüllt, um gleich darauf alles wieder zu zerstören. Über Jahrtausende hat er sich ein riesiges Areal an Haupt- und Nebenarmen geschaffen, an Inseln, Tümpeln und Geröllfeldern, sie immer wieder neu belebt, verändert oder beseitigt. Wie sein Element, das Wasser, einerseits Leben erhalten, es aber genauso vernichten kann.

Ich möchte Sie mit diesem Buch einladen, den Tagliamento und seine Umgebung, das Reich, in dem der „König der Alpenflüsse" regiert, näher kennenzulernen, und rechne damit, dass er Sie wie im Märchen verzaubern und in seinen Bann ziehen wird. Das könnte in Zukunft gravierende Veränderungen Ihrer Reisepläne zur Folge haben. Die Wiener Autorin Eva Bakos bringt es auf den Punkt, wenn sie ihren Lesern prophezeit: „Nichts, gar nichts wird so sein, wie es war, wenn Sie vom geraden Weg zwischen Alpen und Adria abweichen. Bleiben Sie auf der Direttissima, die Sie schnell an den Strand bringt, wenn Ihnen Ihre Seelenruhe heilig ist."

Zur Orientierung im Buch ist zu sagen, dass meine Beschreibungen dort beginnen, wo der Tagliamento entspringt, am Passo della Mauria in Venetien, und zunächst durch Karnien, eine der schönsten Gegenden Oberitaliens, führen. All ihre Bäche und Flüsse vereint der Tagliamento auf seinem Weg zum Meer, darunter vier wichtige Nebenflüsse, deren bezaubernde Täler wir ebenfalls erkunden wollen, und zwar jeweils von der Einmündung bis zur Quelle. Beim vierten, wichtigsten und wasserreichsten Zufluss, der Fella, ist es umgekehrt, weil ich davon ausgehe, dass Ihnen das Buch schon bei der Anreise zum Tagliamento, durch das Kanaltal, nützlich sein kann. Darum beginnt die Tour 8 an der Wasserscheide zwischen Adria und Schwarzem Meer, in der Nähe von Tarvis, und folgt dem Lauf der Fella bis zur Einmündung in den Tagliamento.

Apropos Flüsse: Auch wenn im Italienischen das grammatische Geschlecht meist männlich ist (etwa bei Fella oder Slizza), verwende ich das im deutschen Sprachgebrauch „üblichere", in dem Fall: weibliche.

Die **Touren 1 bis 15** sind als Strecken beschrieben, die man mit dem Auto erkunden kann, wobei je nach Belieben und Kondition als Variante auch das Fahrrad denkbar ist, allerdings mit vielen Kilometern auf normalen, da und dort recht verkehrsreichen Straßen. Als begeisterter Wanderer habe ich zudem einige Abschnitte beschrieben, die man zu Fuß erleben sollte, weil ich der Überzeugung bin, dass man eine Region erst dann wirklich gut kennt, wenn man sie erwandert hat.

Im Zentrum aller Betrachtungen stehen der Tagliamento sowie die Landschaft, die durch ihn geprägt ist, stehen Bau- und Naturdenkmäler, Pflanzen und Tiere, vor allem jedoch Menschen, die am und mit dem Fluss leben. Welche Sprache sprechen sie, wovon leben sie, welche Sitten, Bräuche oder Rituale pflegen sie, wie wohnen sie und was bieten ihre Küchen und Keller?

Unter der Rubrik **Tipps** finden Sie eine kleine Auswahl an Gaststätten und Hotels, die wir bei den Recherchen entdeckt und erprobt haben oder die uns von Freunden empfohlen wurden, aber auch andere nützliche Informationen. In der Rubrik **Wandern** beschreibe ich Wege, denen wir gefolgt sind, die Rezepte im Kapitel **Kulinarik** sind nachgekocht und verkostet worden. Wenn ich sage „wir", meine ich meine Frau Rosemarie und mich. Sie hat mich auf den Erkundungen begleitet und bei der Arbeit am Buch wesentlich mitgewirkt.

KÖNIG DER ALPENFLÜSSE

Was den Tagliamento unter allen anderen Alpenflüssen hervorhebt, ist die Tatsache, dass er das größte naturnahe Flusssystem Europas darstellt. Dass er sich auf einer Länge von 172 Kilometern weitgehend ohne Einschränkungen, Regulierungen und Verbauungen ausbreiten und verzweigen kann und sein Flussbett dabei bisweilen eine Breite von zwei Kilometern erreichen darf. Ein einzigartiger Fluss von besonderer Schönheit, sowohl was die Farbe seines Wassers, die Struktur seines Flussbetts als auch seine Umgebung betrifft. Die Farbe hat er den vielen Kalkteilchen zu verdanken, die er mit sich führt, sie ergeben in Kombination mit dem weißen, steinigen Untergrund und dem reflektierenden Sonnenlicht betörende Effekte, von Azurblau bis Türkis- oder Smaragdgrün, Farbtöne, die man sofort mit seiner berühmten Schwester, der slowenischen Soča (in Italien: Isonzo), in Verbindung bringt.

Woher sich sein Name – ausgesprochen Taljamento – ableitet, ist nicht eindeutig geklärt. Eine besonders poetische Auslegung bezeichnet ihn als „Fluss der Linden", abgeleitet vom römischen Namen *Tiliaventus*. Zwar heißt wohl die Linde im Lateinischen *tilia* und im Italienischen *tiglio*, andererseits kennt man aber kein anderes Beispiel für einen Fluss, der nach einem Baum benannt worden wäre. Im Friulanischen hat er jedenfalls den schönen Namen *Tiliment*.

Einst strömte das Wasser des Tiliment auf geradem Weg zum Meer. Durch die Veränderungen während der Eiszeit und die Ablagerungen in Form von Moränen war der Fluss gezwungen, sich durch die Hindernisse der Hügel neue Wege zu suchen. Heute fließt er über weite Strecken in einem gewaltigen breiten Bett aus Schotter, Kies und Sand zu seiner Mündung in die Adria. Der Tagliamento transportiert pro Jahr rund drei Milliarden Kubikmeter Wasser aus einem Einzugsgebiet, das mit einer Fläche von 2 200 Quadratkilometern etwa der Größe Vorarlbergs entspricht. Während der Sommermonate erscheint er oft wie ausgetrocknet, zeigt sich als zahmes, sich verzweigendes Rinnsal. Die Schneeschmelze im Frühjahr oder längere Regenperioden lassen die Wassermassen dann aber in wenigen Stunden anschwellen, sodass er sich urplötzlich in einen lehmig-gelben, erschreckend ungestümen und reißenden Fluss verwandeln kann. Im Laufe der Jahrhunderte erlebte die Region viele katastrophale Überschwemmungen, von denen vor allem Latisana betroffen war. 1917, gegen Ende des Ersten Weltkriegs, war der Hochwasser führende Tagliamento eine unüberwindbare Barriere gegen die deutsch-österreichischen Angreifer aus dem Osten. Im Jahr 1966 versetzte er einen Pfeiler der Brücke von Pinzano einige Meter talabwärts, woraus man ermessen kann, welch ungeheure Kräfte diesem Fluss bisweilen innewohnen.

Doch diese Phase der *alluvione*, der Überschwemmung, ist nicht von langer Dauer. Die meiste Zeit über zeigt der Tagliamento seine bestechend schönen blaugrünen Wasserströme, seine seichten Arme und Schlingen sowie die glasklaren Untiefen. Was sanft aussieht, kann manchmal trügerisch sein, tiefe Gräben im Flussbett entwickeln da und dort gefährliche Strömungen. Pier Paolo Pasolini, der als Jugendlicher in der Nähe von Casarsa, also bereits in der großen Ebene am Unterlauf des Flusses, viel Zeit an seinem Ufer verbrachte, schreibt über eines seiner Badeerlebnisse: *„Da glaubte ich, dass mich der wilde, geräuschlose Gott der Strudel an den Füßen packte. Ich flüchtete nackt und tropfend auf die Uferböschung und schrie vor Glück."*

„Fluss-Abdrücke"

Tagliamento bei Vidulis

Dort, wo Pasolini zu baden pflegte, liegt auch das Herzstück des Tagliamento, ein riesiges Geflecht aus Haupt- und Nebenarmen, Auwäldern, Inseln, Tümpeln und Geröllfeldern. Eine Welt für sich, die außerdem mit einer erstaunlichen Vielfalt an Pflanzen und Tieren beeindruckt. So findet man beispielsweise im Tagliamento 32 verschiedene Fischarten, doppelt so viele wie in anderen vergleichbaren europäischen Gewässern.

Ein kleiner Wermutstropfen ist der Umstand, dass man schon Mitte des vergangenen Jahrhunderts damit begonnen hat, ein verzweigtes Netz an Staubecken, Kanälen und Druckleitungen zu legen, um die Kräfte des „Königs" für die Stromerzeugung zu nutzen. In Karnien werden sowohl der Tagliamento als auch seine Zuflüsse angezapft und in Stauseen geleitet, mit dem Ergebnis, dass er heute über weite Strecken fast die Hälfte seiner ursprünglichen Wassermenge eingebüßt hat. Papierfabriken und der Schlamm aus den Speicherbecken sind ein weiteres Manko und gehen zu Lasten seiner Wasserqualität. Was vor und nach dem Zweiten Weltkrieg in Windeseile geschaffen wurde, ist nun einmal geschehen, vieles würde man heute vielleicht anders, schonender und kleinräumiger lösen. Vielleicht, denn Projekte zu einem weiteren exzessiven Ausbau der Wasserkraft liegen seit einigen Jahren in der Schublade. Man sollte auf der Hut sein, dass der Fluss und seine kostbare Umgebung nicht zur leichten Beute einer Energielobby werden, die profitable Geschäfte macht, ohne dass die Region davon den geringsten Vorteil hat. Diese Besorgnis ist keine Schwarzmalerei, sondern äußerst real.

Eine weitere Bedrohung für die Unversehrtheit seines Ökosystems stellen die geplanten Baumaßnahmen im unteren Abschnitt des Flusses dar. Schon seit Jahrzehnten wird über riesige Rückhaltebecken diskutiert, die man aus Gründen des Hochwasserschutzes in der Gegend um Spilimbergo errichten will. Als ein Projekt der „Schottermafia" bezeichnen es Umweltschützer, denn diese könne sich, mit dem gigantischen Kiesvolumen, das dabei abtransportiert werden müsste, im Baugeschäft eine goldene Nase verdienen. Geplant sind drei bis zu 9 Quadratkilometer große Becken, die zwangsläufig das Ökosystem zerstören würden, abgesehen von unkalkulierbaren Auswirkungen auf das Grundwasser. Gegen diese Pläne regte sich regionaler, aber auch internationaler Widerstand, abgesehen davon, dass die umliegenden Gemeinden, die von dem inzwischen zunehmenden sanften Tourismus profitieren, gegen das Projekt sind. Bis jetzt konnten sie gemeinsam mit den Natur- und Umweltschützern diese Vorhaben verhindern. Schon einmal musste sich die „Schottermafia" geschlagen geben. Ein geplanter massiver Kiesabbau bei Cimano, einige Kilometer nördlich von Spilimbergo, konnte 2011 nach öffentlichen Protesten und Bedenken der zuständigen regionalen Wasserbaubehörde verhindert werden.

Andererseits ist die Bedrohung durch den Fluss ebenso wie die Angst vor einem Erdbeben für viele Bewohner allzeit präsent. Hat doch der Tagliamento in den wasserreichen Monaten immer wieder Schäden angerichtet oder gar Katastrophen bewirkt, etwa im 19. Jahrhundert, aber auch Mitte der 1960er-Jahre. Alle großen Überschwemmungen ereigneten sich im September, Oktober und November, weil die Intensität der Regenfälle in diesen Monaten am größten ist. So gesehen hängt die Zukunft des Tagliamento an einem seidenen Faden, auch nur ein einziges folgenreiches Hochwasser kann der Baulobby Rückenwind geben und das Schicksal des „Königs" ist besiegelt.

DAS **ÖKOSYSTEM** TAGLIAMENTO

Der Tagliamento, sein weitläufiges Flussbett und die Wildnis seiner Inseln und Uferbereiche werden oft als „Serengeti Mitteleuropas" bezeichnet, weil die Vielfalt an Pflanzen und Tieren weit über dem europäischen Durchschnitt liegt. Dies betrifft vor allem den unteren Abschnitt des Flusses in der Ebene, wo das breite Flussbett und seine Umgebung die unterschiedlichsten Lebensräume bieten. Für eine dynamische Entwicklung verschiedener Lebensumstände sorgt unter anderem das sogenannte Totholz. Gemeint sind damit Sträucher, Baumstämme und Äste, die der Fluss bei Hochwasser im Oberlauf an sich gerissen und immer weitergetragen hat, bis die Fracht letztlich auf einer der ungezählten Schotterinseln landet und dort oft jahrelang verweilt. Aus den meisten europäischen Flüssen wird Totholz herausgefischt, aus Sorge, es könnte Abflüsse verstopfen und Brücken beschädigen. Glücklicherweise nicht so am Tagliamento, wo Totholz, dort wo es angeschwemmt wurde, zur Keimzelle neuen Lebens wird. Inseln mit diesem „kostbaren" Strandgut entwickeln sich relativ rasch zu einem Biotop für zahlreiche Tier- und Pflanzenarten. Totholz bietet Pflanzen und Kleinlebewesen Schutz und stellt bei Tümpeln eine wichtige Barriere dar, hinter der sich Frösche und Kröten wohl fühlen können.

Der Gewässerökologe und Zoologe Klement Tockner, der sich seit Jahren mit dem Ökosystem Tagliamento beschäftigt, hat mehr als 600 Inseln und Landzungen am Tagliamento gezählt. Tockner unterscheidet drei Phasen der Inselbildung: Frische Totholzablagerungen, Pionierinseln, die nach zwei bis fünf Jahren schon eine dichte, artenreiche Vegetation aufweisen, sowie etablierte Inseln, die bis zu zwanzig Jahre alt werden und von meterhohen Bäumen bewachsen sind. Vor allem entwurzelte Weiden, die im Flussbett liegen bleiben, schlagen schnell wieder aus, tragen schon nach zwei Jahren Kätzchen und ihre Samen beginnen auf dem feuchten Boden sofort zu keimen. So tragen vor allem die Weiden maßgeblich zur Bildung neuer Biotope bei und schaffen ein Paradies für Hunderte Insektenarten.

Ein großer Teil davon steht auf der Roten Liste, unter ihnen die **Rote Schnarrheuschrecke**, die weltweit vom Aussterben bedroht ist. Tümpel, die sich um diese Inseln bilden, sind ein Dorado für Amphibien und Fische. Viele der 33 Fischarten wachsen dort auf. Futter ist in Form von Schwemmgut und Mückenlarven ausreichend vorhanden. Es überrascht, dass im Tagliamento die Bachforelle sogar in Meeresnähe anzutreffen ist, während der Hecht ungewöhnlich weit in die oberen Flussbereiche vordringt. Außerdem ist der Tagliamento angeblich der einzige Alpenfluss, an dem sowohl Flussregenpfeifer als auch Flussuferläufer und Flussseeschwalben brüten.

Flora und Vegetation

Ohne zu sehr ins Detail zu gehen, möchte ich bei der Beschreibung der einzelnen Reiseetappen auch auf einige interessante Pflanzen oder Tiere aufmerksam machen. Vorweg kann man sagen, dass, von den Alpen bis zum Meer, die verschiedenen **Weidenarten, Pappeln, Wacholder** und der **Sanddorn** zu den treuesten Begleitern des Tagliamento zählen. An trockeneren Standorten sind auch **Hop-**

Herbstzeitlose im Canale di Gorto

Weidenröschen (links), Leondoton berinii

fenbuchen, Manna-Eschen, Hängebirken sowie **Schwarz- und Grauerlen** anzutreffen. Starken Duft verbreiten die **Scheinakazien** oder Robinien mit ihren traubenförmig herabhängenden weißen Blüten. In Parkanlagen und Gärten sorgen die weißen Blüten des **Indischen Losbaums** für einen betörenden Duft. Die **Albizzie** ist ein auffallend schönes Mimosengewächs mit großen zartrosa Blüten. Viele **Maulbeerbäume** mit ihren wohlschmeckenden blauen oder weißen Früchten erinnern heute noch an die Zeit, als die Seidenproduktion dieser Region zu Wohlstand verhalf.

Auch im Umfeld des Tagliamento wachsen jede Menge „Neubürger", Neophyten, das sind Pflanzen, die sich in Gebieten ansiedeln, in denen sie vorher nicht heimisch waren. Einer von ihnen ist der **Scheinindigo**, ein blau blühender Strauch von einem bis drei Meter Höhe. Entlang der ausgetrockneten Flussarme bietet der **Schmetterlingsflieder** Bienen, Hummeln und Schmetterlingen ein reiches Angebot an Nektar. Gelbe Blüten hat der auffallend hoch gewachsene **Topinambur**. Die **Nachtkerze**, die auch für medizinische Zwecke verwendet wird, wurde vor Jahrhunderten aus den Tropen eingebracht. Zu den Pflanzen mit besonders stark allergenen Pollen zählt die **Ambrosia** (Ragweed), die sich auch in dieser Region verbreitet hat. Besonders auffallend ist das **Südafrikanische Greiskraut**. weil es bis in den Herbst hinein viele gelbe Blüten trägt.

Für botanisch Interessierte besonders spannend sind die Magerwiesen am Rande der großen Ebene, einige Impulse dazu sind bei Tour 12 zu finden.

Fauna

Viele Tiere, die auch bei uns heimisch sind, wie **Fuchs, Steinmarder, Wiesel** oder **Dachs**, sind im alpinen Bereich des Tagliamento und seiner Nebenflüsse anzutreffen, dasselbe gilt für **Bären, Gämsen, Steinböcke, Falken, Geier** oder **Adler**. Erwähnen möchte ich jene, die sich vorwiegend im unteren Abschnitt des Tagliamento aufhalten und die Ihnen bei den Erkundungen vielleicht über den Weg laufen.

Vorsicht ist in felsigem Gelände geboten, dort pflegt gerne die **Hornviper** ein Sonnenbad zu nehmen.

In den Tümpeln des Tagliamento findet der **Europäische Aal** einen idealen Lebensraum. Er kann bis zu eineinhalb Meter lang werden, ist an der Oberseite schwarz bis dunkelgrün, an der Unterseite gelb oder weiß. Der **Döbel**, auch „Rohrkarpfen" genannt, wird 30 bis 40 Zentimeter lang und lebt gerne in Gesellschaft. Zur Familie der Karpfenfische gehört die **Flussbarbe**, die in Europa weit verbreitet ist. Die **Äsche** ist auf europäischer Ebene unter Schutz gestellt und liebt das klare Wasser des Tagliamento ebenso wie die **Forelle** und die **Marmorierte Forelle** (Marmorata), ein Lachsfisch, der ausschließlich in Flüssen beheimatet ist,

Fischer in Lignano Riviera

die in die Adria münden. Unter dem **Hecht**, der **Nase**, dem **Steinbeißer** oder der **Tigerbarbe** kann sich auch ein Laie durchaus etwas vorstellen, bei der **Groppe, Pfrille, Ukelei** oder dem **Lau** wird es schon schwieriger, aber bei der *Knipowitschia punctatissima* und dem *Padogobius martensii* will ich meinen Exkurs über Fische beenden. Ich konnte für die beiden Letzteren und auch für zwölf weitere Fischarten keinen deutschen Namen mehr finden.

In den Gebüschen, die den Fluss begleiten, ist eine Vielzahl an Vögeln zu Hause, unter ihnen der in Bezug auf seine Fressgewohnheiten schrullige **Echte Würger**, auch Neuntöter genannt. Wenn er nicht mehr hungrig ist, spießt er seine Beute, das sind kleine Säugetiere, Frösche und Eidechsen, auf die Stacheln des Schlehdorns auf – ein wenig Vorrat kann nicht schaden. Die **Wilde Turteltaube** ist zwar mit der gewöhnlichen Taube verwandt, hat mit ihr aber nicht viel gemeinsam, was offenbar auch bei Verwandten im Tierreich vorkommt. Auch dem **Pirol** kann man am Tagliamento begegnen, das farbenfrohe Federkleid der Männchen ist ziemlich auffällig, ebenso jenes vom bunten **Eisvogel**, der sich an den klaren Wasserarmen des Tagliamento besonders wohl fühlt. Der farbenprächtige **Bienenfresser** findet hier jene sandig-lehmigen Abbrüche, die er für den Bau seiner Bruthöhlen benötigt. In der Nähe des Wassers sieht man natürlich auch **Bachstelzen** mit dem

Im Vogelpark auf dem Monte di Ragogna

langen Wippschwanz und dem schwarz-weiß-grauen Gefieder. Die **Schafstelze** zeigt stolz ihre gelbe Brust, bei den Männchen ist sie leuchtend, bei den Weibchen etwas dezenter gefärbt. Sehr versteckt und im Uferbereich der Flussniederungen schwer zu finden ist das kunstvolle Nest der **Beutelmeise**. Das Männchen baut, noch ehe es eine Gefährtin gefunden hat, aus Spinnweben, Samenwolle und Pflanzenfasern flauschige Nester. Sie haben die Form eines Beutels oder einer großen Birne, hängen an Zweigen von Pappeln und Weiden und besitzen nur einen einzigen seitlichen Eingang. Kann der „Beutelmeiserich" kein Weibchen damit anlocken, sucht er einen anderen Standort und beginnt erneut zu bauen. In der weiten Ebene am Unterlauf ertönt der inspirierende Gesang der **Nachtigall**. Die **Zwergdommel** mit etwa der Größe eines Eichelhähers ist die kleinste Reiherart, die in Mitteleuropa vorkommt. Eine große ornithologische Besonderheit ist der **Ziegenmelker**. Man wird ihn schwer zu Gesicht bekommen, denn er ist ein nachtaktiver Vogel. Den Tag verbringt er schlafend, auf einem Ast sitzend, sein Federkleid ist von der Baumrinde nicht zu unterscheiden. Wo es Bäume gibt, ist auch der Specht zu Hause: Während der **Buntspecht** Insekten und Käferlarven verspeist, die sich unter der Rinde verstecken, pickt sich der **Grünspecht** große Ameisen aus dem Boden. Auch sein naher Verwandter, der **Wendehals**, so genannt wegen seiner auffälligen Kopfbewegungen, hat sich auf Ameisen spezialisiert, sein Federkleid im Rindenlook dient der Tarnung. Im Umfeld der Magerwiesen ist mit etwas Glück eine **Wiesenweihe** zu erspähen. Leichter auszumachen ist die niedliche nachtaktive **Zwergohreule**, sie verrät sich mit ihrem typischen Pfeifton.

Südlich von Dignano ist in Wassernähe die schlanke weiß bis hellgrau gefiederte **Flussseeschwalbe** zu beobachten, mit gegabeltem Schwanz, rotem Schnabel und tiefschwarzem Scheitel. Der **Flussregenpfeifer**, ein Zugvogel, der zwischen dem Mittelmeer und Afrika pendelt, ist auf dem Rücken braun, an der Unterseite weiß und hat ein schwarzes Halsband. Die kleinste unter den Schwalben ist die **Uferschwalbe**, sie weilt von Mai bis September am Tagliamento und benötigt lehmige oder festsandige Steilufer und Abbruchkanten zum Bau ihrer Brutröhren.

Während eines strengen Winters können auch **Singschwäne** am Tagliamento auftauchen. Sie sind etwas kleiner als die Höckerschwäne und sehr ruffreudige Vögel mit einem umfangreichen Stimmrepertoire. Charakteristisch ist ein tiefer, nasaler Posaunenklang. In der Nähe der Mündung stiefeln dann und wann **Flamingos** durch das seichte Wasser, häufiger bekommt man **Reiher, Möwen** und **Kormorane** zu Gesicht.

Monte Amariana

WANDERN AM TAGLIAMENTO

Man kann nicht sagen, das Wandern sei des Italieners Lust, seine Lust gilt wohl eher dem Radfahren. Dennoch trifft man Wanderer in Friaul, vorwiegend älteren Semesters, vermehrt an Wochenenden und vor allem in den Bergen Karniens, einem begnadeten Wanderparadies. Sanft oder schroff, steil oder gemütlich, jeder findet hier für seinen Geschmack die passende Tour. Wer seine Wahl getroffen hat, sollte sich mit der für das Gebiet entsprechenden Tabacco-Wanderkarte, einer Tabacco-App am Smartphone oder einem Wander-GPS ausrüsten. Darüber hinaus findet man in den Fremdenverkehrsbüros jede Menge an Empfehlungen und Routenskizzen zu Almen, beliebten Gipfeln, Naturdenkmälern oder Kriegsschauplätzen. Der Folder **Trekking in Karnien**, eine aufklappbare Karte mit 25 Routenbeschreibungen von leichten bis mittelschweren Wanderungen, ist gratis in den Tourismusbüros zu bekommen.

Ein interessanter Themenweg ist der **Cammino delle Pievi**. Er verbindet sehenswerte alte Kirchen, die auch als Kulturdenkmäler von Bedeutung sind, in einem umfangreichen markierten Wegenetz. Einige der Wege, die zu diesen außergewöhnlichen Kultplätzen führen, sind im Kapitel Kirchenwandern beschrieben.

Ausgangspunkt ist Imponzo, wenige Kilometer nördlich von Tolmezzo. Im Pfarrhof, dem „Haus Emmaus", erhält man die Wanderkarte mit kurzen Wegbeschreibungen (www.camminodellepievi.it).

Der große Zuspruch, den der spanische Jakobsweg erlebt, ist wohl mit ein Grund, warum auch in Italien alte Pilgerwege wiederbelebt werden. So ist etwa die uralte Pilgerroute von Canterbury nach Rom, die **Via Francigena**, seit einigen Jahren wieder aktuell und zum Großteil sehr gut markiert. Abschnittsweise ist in Italien die Strecke mit dem Jakobsweg ident. Nunmehr bemüht man sich darum, einen weiteren Pilgerweg zu aktivieren, und zwar den ältesten des Christentums, jenen, der nach Jerusalem führte. Die Pilgerströme der antiken *Via d'Allemagna* aus dem Norden haben sich damals in Friaul mit der *Via del Tagliamento* vereint, die schließlich zu den Häfen der Adria führte. Dort haben schon vor mehr als 1000 Jahren Pilger die Fahrt übers Mittelmeer nach Jerusalem angetreten. Die Wege durch Friaul werden heute wieder von einer stetig zunehmenden Zahl polnischer, deutscher und österreichischer Pilger frequentiert. Das Projekt *Romea strata* sieht vor, dass die Pilgerwege aus dem Norden in die Via Francigena nach Rom eingebunden werden. Ob nach Jerusalem, Rom oder Santiago – am Tagliamento führt eben kein Weg vorbei.

Blick vom Monte di Ragogna nach Norden

RADFAHREN AM TAGLIAMENTO

Nicht nur in China oder Holland, auch in Italien sind die Menschen gerne mit dem Fahrrad unterwegs. Das kann man vorwiegend an Wochenenden beobachten, wenn sie in kleineren oder größeren Gruppen auf ihren schnellen Rädern, in hautenger bunter Sportbekleidung „ausreiten" und den Anschein erwecken, als würden sie für den Giro d'Italia trainieren.

Abgesehen vom sportlichen Aspekt hat das Rad in den Dörfern und Städten Friauls eine lange Tradition. Auch heute ist es ein gewohnter Anblick, wenn Kleinkinder auf den Plätzen üben und dabei auf den Pedalen stehend auf viel zu großen Rädern durch die Menge radeln, Halbwüchsige akrobatisch auf ihren Drahteseln herumturnen und ältere Menschen diese mit Säcken, Flaschen oder Körben vollgepackt haben.

Wer die Region mit dem Fahrrad erkunden möchte, sollte sich in den Tourismusbüros entsprechendes Kartenmaterial und einschlägige Unterlagen besorgen, davon gibt es inzwischen jede Menge. Der **Mountain Bike Führer**, ein Gratisfolder, beschreibt verschiedene Radwege in Friaul, einige davon liegen auch in der Nähe des Tagliamento.

Leidenschaftliche Radler kommen immer öfter auf der alten Bahntrasse, der **Ciclovia Alpe Adria**, dem Alpen-Adria-Radweg, nach Friaul. Die verlockende Aufforderung „In einer Woche von Salzburg nach Grado oder umgekehrt" ist nur eine von zahlreichen Werbeaktionen, die ihn populär gemacht haben. Inzwischen ist er zu Recht stark frequentiert, denn die Trasse ist beeindruckend schön und bietet einige abenteuerliche Passagen, wenn man etwa durch lange, manchmal dunkle Tunnels radeln muss oder über hohe Brücken fährt, die den Blick nach unten freigeben, was bei vielen ein leichtes Bauchkribbeln erzeugt. Man hat für die Bedürfnisse der Radler zwei alte Bahnhöfe flott gemacht und zu Labestationen umfunktioniert. Dort kann man zu jeder Tageszeit ein paar Spaghetti oder eine kräftigende Suppe bekommen und sich, wie etwa in Chiusaforte, in bereitgestellten Liegestühlen von den Strapazen ausruhen. Leider ist die Strecke noch nicht lückenlos ausgebaut, daher muss man abschnittsweise auf die Bundesstraße ausweichen.

Radlerstopp in Chiusaforte

Ab Venzone hat man die Möglichkeit, auf die „Fahrradroute 8" zu wechseln, um die Nebenflüsse des Tagliamento in Karnien zu erkunden. Oder man fährt weiter Richtung Süden und folgt dem Radweg zunächst am linken und später am rechten Ufer des Flusses über Spilimbergo und Latisana nach Lignano und weiter zur Mündung des Tagliamento in die Adria.

Interessant klingt das Radwege-Angebot mit dem Titel „I like bike" in der Tourismusregion Friuli Collinare, das in den Tourismusbüros gratis aufliegt. Das Paket enthält eine große Tabacco-Landkarte mit 16 themenbezogenen Varianten von Radtouren mit einer Länge von 23 bis 55 Kilometern. Die Themen reichen von „Wasser und Mühlen im Schatten der Kastelle" über „Vornehme Wohnsitze in der Hochebene" bis zur Einladung, dorthin zu strampeln, „Wo die Gänsegeier kreisen", um nur einige der attraktiven Vorschläge zu nennen. Die einzelnen Routen sind ausführlich beschrieben, die übersichtliche Karte reicht im Bereich des Tagliamento von Gemona im Norden bis San Odorico (etwa auf der Höhe von Udine) im Süden. Als ambitionierter und gut trainierter Radsportler sollten Sie nach dem Folder „Auf den Straßen der großen Meister" fragen. Er ist auch in deutscher Sprache erhältlich und lädt dazu ein, 13 verschiedene Etappen des Giro d'Italia zu erproben, darunter die berühmteste und härteste Strecke, den Aufstieg zum Monte Zoncolan.

GEOLOGIE UND LANDSCHAFT

Indem wir dem Tagliamento bis zur Adria folgen, wird uns erst die schier unerschöpfliche Vielfalt an Landschaften in Friaul-Julisch Venetien bewusst. Wir durchstreifen der Reihe nach drei gänzlich verschiedene Typen: die herbe und schroffe Gebirgsregion im Norden, die Hügellandschaft im mittleren Teil, die auch als Moränen-Amphitheater bezeichnet wird, und schließlich die fruchtbare Ebene, die flach zum Meer hin ausläuft. Dabei erlebt man ein faszinierendes Land, reich an Naturschönheiten, Sehenswürdigkeiten in fast jedem Weiler und einer Fülle an Kunstschätzen aus mehreren Epochen.

Der Tagliamento vereinigt im Oberlauf alle Bäche und Flüsse einer der reizvollsten Gebirgslandschaften Oberitaliens: Karnien. Die wilde Romantik dieser Region ist das Resultat heftiger geologischer Turbulenzen über Millionen von Jahren.

Karnien – aus dem Meer geboren

Die Karnischen Alpen haben aufgrund ihrer fossilreichen paläozoischen Gesteine weltweit Bekanntheit erlangt. Sie gehören, geologisch betrachtet, zu den hundert wichtigsten Regionen der Erde, nicht zuletzt deshalb, weil man hier die verschiedenen Phasen der Erdzeitalter besonders deutlich unterscheiden kann. Man muss sich vorstellen, dass die hohen Berge mit ihren steilen Felswänden im Norden Karniens Reste eines Korallenriffs sind, eines gewaltigen Kalkmassivs, das sich im warmen tropischen Meer vor über 350 Millionen Jahren in der Nähe des Äquators gebildet hat. Ihre heutige Position nahmen die Kontinente erst im Paläogen, vor rund 50 Millionen Jahren, ein. Zur Auffaltung der Alpen, einem mehrstufigen Prozess, kam es schon früher, vor etwa 135 Millionen Jahren, an der Wende von der Jura- zur Kreidezeit, und sie hält in abgemilderter Form noch heute an. Das geschieht, weil der afrikanische Kontinent gegen

Der Quellgrund vom Tagliamento (linke Seite)
Fossil einer Riesenmuschel (rechts)

Europa drückt – Karnien und die Alpen liegen praktisch in der „Knautschzone". Die bedeutendste tektonische Störungslinie, die Periadriatische Naht verläuft am Nordrand der Karnischen Alpen, und bildet die Grenze zwischen den Süd- und Nordalpen. Insgesamt haben die Alpen in ihrer langen Entstehungsgeschichte äußerst turbulente Ereignisse hinter sich: tropische Korallenriffe, mit Eis gefüllte Täler, Lava spuckende Vulkane, gewaltige Erdbeben und wandernde Kontinente. Dass sich heute in Karnien Schluchten und Wälder, schroffe Felszacken und Almen auf eine so faszinierende Weise durchmischen, ist das Resultat einer unsagbar langen Entwicklung. Ein Werdegang, den man besonders schön im Geologischen Museum von Ampezzo nachvollziehen kann, das die Geschichte der Alpen zudem durch erstaunliche Fossilfunde und Mineralien veranschaulicht.

Häuser aus Stein und Holz

Bemerkenswert ist nicht nur der Reichtum an landschaftlichen Schönheiten, sondern auch die beeindruckende Architektur der karnischen Bauwerke. So zeichnet die meisten Kirchen äußerlich eine archaische Schlichtheit aus, während sie im Inneren mit wunderbaren Malereien in üppiger Farbenpracht überraschen. Eine derartige Fülle an kunstvollen vergoldeten Schnitzaltären findet man kaum anderswo.

Außergewöhnlich ist auch die Bauweise der karnischen Häuser und Stallungen. Bei aller Einfachheit sind sie in ihrer eigenwilligen Verbindung von Holz und Stein geradezu von ästhetischer Vollkommenheit. Vermutlich ein Resultat der Romanisierung der hier angesiedelten Kelten, die Römer haben vor allem mit Stein gebaut, die Kelten nur mit Holz. Vom einfachsten Zweckbau über Scheunen, Speicher und Ställe bis zu ausgesprochen städtisch anmutenden herrschaftlichen Objekten.

Der Friaul-Kenner Richard Zürcher bringt es auf den Punkt, wenn er schreibt, dass das künstlerische Fingerspitzengefühl in der Verwendung von Holz und Stein die seelenlose Uniformität der modernen Durchschnittsbauten tief zu beschämen vermag. Dabei wären die karnischen Bauten in der Schlichtheit der Linien und der Perfektion der Proportionen der modernen Architektur durchaus verwandt. Nur wenige Designer vermögen Funktion und Form so vollendet zu verbinden. Auffallend ist, dass die meisten Häuser sehr hoch sind, mit drei bis vier, manchmal auch fünf Stockwerken, und sie sind oftmals sehr schmal. Im Verhältnis Holz zu Stein gibt es regionale Unterschiede, gemeinsam ist ihnen jedoch eine besondere Anmut, die sie ausstrahlen, eine Erhabenheit, hinter der man Armut ausschließen würde.

Bauernhaus bei Forni di Sopra

Wie die Landschaft und die Architektur sind auch die Menschen Karniens von besonderer Eigenart. Bodenständiges vermischt sich mit Einflüssen von außen auf spannende Weise, alpine Eigenheiten mit romanischer, slawischer und germanischer Kultur und Lebensart. Viele Gesichter spiegeln ein hartes Leben wider, bäuerliche Kleidung prägt das dörfliche Bild. Das archaische Dasein hat die Menschen einen anderen Umgang mit der Natur und ihren Gaben gelehrt. Das perfekt zugeschnittene Brennholz, auch die kleinsten Scheite und Äste, sind an der Hauswand mit akribischer Genauigkeit nach Größe und Durchmesser gestapelt und ergeben für den Betrachter reizvolle geometrische Felder. Es wird einem bewusst, dass auch das kleinste Stückchen Holz seinen Beitrag für ein gutes Feuer im Fogolar leisten kann, an dem man sich wärmt und kocht. Was die Erde wachsen lässt, wird geschätzt, gibt Nahrung, Futter für das Vieh oder eben Wärme. Die Felder sind klein, weil es hier üblich ist, dass der Besitz immer unter allen Kindern aufgeteilt wird. Angebaut werden Mais für die Polenta, Roggen und Gerste für das Brot, Bohnen und Kürbisse sowie weiße und gelbe Rüben, außerdem Fave, bei uns Saubohnen genannt. Gemüse und Kräuter aus dem Hausgarten werden in der Küche durch allerlei Wildkräuter und Wildgemüse ergänzt.

TOUR 1

VON DER **QUELLE** NACH **AMPEZZO**

Der **Passo della Mauria** ist mit 1298 Metern der höchste Punkt der SS 52, einer wichtigen West-Ost-Verbindung zwischen Venetien und Friaul, genauer gesagt zwischen dem Tagliamento- und dem Piavetal. Heruntergekommene Gebäude, eine Hotelruine und eine seit Langem geschlossene Bar auf der Passhöhe verweisen auf bessere Zeiten in der Vergangenheit, obwohl die Straße stark frequentiert und gut ausgebaut ist. Allerdings kann der Schnee manchmal die Passhöhe blockieren, dann ist die Verbindung für ein, zwei Tage gesperrt. Im Sommer kommen viele Wanderer hierher, um zu den umliegenden Gipfeln aufzusteigen oder die Festung auf dem **Monte Miaron** zu besichtigen, die kurz vor dem Ersten Weltkrieg gebaut wurde. Etwa 100 Höhenmeter unter dem Pass entspringt der Taglia-

Auffangbecken im Oberlauf

mento, besser gesagt, soll er entspringen. Eine kurze Strecke bergab in Richtung Forni di Sopra steht nach einer markanten Rechtskurve über der rechten Böschungsmauer die Tafel: *Sorgente Fiume Tagliamento*. Seien Sie gewarnt, es fließt dort wahrscheinlich kein Tropfen Wasser. Ein Bewohner an der Passhöhe hat mir versichert, er kenne diese Quelle seit seiner Kindheit und es handle sich wahrhaftig um den Ursprung des Tagliamento. Manchmal, wenn es länger trocken bleibt, mache die Quelle eben eine Pause. Mag sein, dass er recht hat, doch ich glaube nicht an Quellen, die man einige Male aufsucht, ohne je einen Tropfen Wasser zu sehen. Diese kleine Mulde im Erdreich musste wohl eher deshalb als Quelle herhalten, weil hier die Tafel an der Straße gut zu sehen ist. Ohne Zweifel stammt jedoch jenes kleine Bächlein, dem man an der rechten Straßenseite ein Stückchen weiter bergab begegnet, aus dem Tagliamento-Quellgrund. Man kann diesem entlang der Straße einige Kilometer folgen. Es ist zwar noch ein winziges Bächlein, heißt aber schon Tagliamento und entwickelt sich bald zu einem rauschenden Bach, der durch Fichten- und Lärchenwälder seinen Weg nach Südosten nimmt. Ab dem **Albergo Cridola** lohnt es sich, dem Bach für etwa einen Kilometer zu Fuß Gesellschaft zu leisten, und zwar auf dem mit einem runden roten Schild markierten Rundwanderweg *Anello di Forni*, der nach Forni di Sopra führt. Wachsamen Botanikeraugen werden entlang des Baches verschiedene Weidenarten auffallen, etwa die **Ölblättrige Weide** und die **Lavendelweide**. Nicht zu übersehen sind die leuchtend gelben **Trollblumen**, die großen Blätter der **Pestwurz** sowie die weiß blühenden **Studentenröschen**. Auch ein Nelkengewächs hat sich hier besonders verbreitet, das **Kriechende Gipskraut**, auch Zwergschleierkraut genannt.

Trollblumen

Auf der Wanderung passiert man abseits der Straße das Hotel-Restaurant Noitas, das sich ideal für einen kleinen Zwischenstopp eignet. Wer sich darüber wundert, dass der inzwischen etwas angewachsene Tagliamento urplötzlich viel kleiner geworden ist, findet auf der Suche nach der Ursache des Wasserschwunds ein Auffangbecken, das unseren *fiume* geteilt hat. Der größere Teil des Wassers wird von hier über eine Rohrleitung in den Stausee **Lago di Sauris** gepumpt.

Bei der Bezeichnung von Fließgewässern unterscheidet man im Italienischen meist dreierlei: *Rio* klingt in unseren Ohren zwar groß und behäbig, meint aber einen kleinen Bach oder Kanal, eilig und wild ist der Sturzbach *torrente* unterwegs, währende große Flüsse, wie der Tagliamento, durchwegs als *fiume* bezeichnet werden.

Weiter südöstlich, kurz nachdem die Straße vom Hotel wieder in die SS 52 einmündet, biegt nach rechts eine Straße in das Tal des **Torrente Giaf** ab. Er kommt aus den Bergen im Südwesten und mündet unweit von hier in den Tagliamento. Wir folgen ihm auf der Straße ein Stück flussaufwärts und entdecken bald ein weiteres Bassin im Bachbett, an dem klar wird, dass dem Giaf dasselbe Schicksal widerfährt wie dem Tagliamento, auch er muss viel Wasser für den Stausee opfern. Übrigens ist das **Rifugio Giaf**, das man auf dieser Straße erreichen kann, eine ideale Basisstation für verschiedene Bergtouren in den Dolomiten.

Die Hauptstraße SS 52 bleibt weiterhin in der Nähe des Tagliamento und erreicht schon ein paar Kilometer weiter den berühmten Fremdenverkehrsort Forni di Sopra.

Bauernhaus in Chiandarens

Forni di Sopra

Jeder, der zum ersten Mal in diese Gegend kommt, ist erstaunt über die eigentümliche Bauweise der Häuser. Hohe, kubische Gebilde aus unverputztem Stein und Holz gefertigt sind häufig Speicher und Wohnhaus in einem. Portale und Fensterumrandungen sind ebenfalls aus Stein, ein Holzbalkon im obersten Stockwerk zieht sich über die ganze Front. Karg und einfach gebaut, wirken sie dennoch majestätisch und sind mit drei bis fünf Stockwerken überraschend hoch für diese Berggegend. So manches Haus ist an die 300 Jahre alt, manche sogar noch älter. Einige ihrer Besitzer sind einst durch den Holzhandel reich geworden oder später dann durch den Tourismus. Forni di Sopra ist vor allem im Winter ein beliebtes Urlaubsziel, mit zahlreichen Hotels und Gastronomiebetrieben. Das ist der Grund, warum einige neuere Bauten zwar dem karnischen Stil nachempfunden, aber auch jenen Bettenburgen ähnlich sind, die man überall in gut besuchten Wintersportregionen findet. Urlauber anzusprechen, dürfte in der schönen Lage am Fuß der Karnischen Dolomiten nicht allzu schwierig sein, immerhin kann man mit zwei relativ schneesicheren Schigebieten aufwarten, **Davost**, mit einigen Anlagen auf geringerer Höhe, sowie **Varmost**, das bis auf den Gipfel des Crusicalas, knapp über 2000 Meter, reicht. Dennoch geht man auf Nummer sicher und hat die Gebiete zudem flächendeckend mit Schneekanonen bestückt. Ebenfalls zum Angebot gehören Langlaufloipen entlang des Tagliamento.

Im Sommer kommen Gäste zum Wandern, Klettern oder Radfahren. Mit den beiden Sesselliften gelangt man rasch in höhere Regionen, und wer gut im Sattel sitzt, radelt auf einer 20 Kilometer langen Mountainbikestrecke ebenfalls hoch hinauf. Um nach dem Sport den Durst zu löschen, trinkt man „Foglie d'Erba", ein heimisches, im Ort gebrautes Bier. Die Italiener sind zwar keine ausgesprochenen Biertrinker, außerdem kommt jedes dritte Bier, das in Italien verkauft wird, aus dem Ausland, vor allem aus Deutschland, trotzdem ist die Zahl der Kleinbrauereien gemessen an der Einwohnerzahl gerade in Friaul besonders hoch. „Foglie d'Erba" ist eine Marke von zwanzig.

Sucht man nach den schönsten ländlichen Bauten, findet man diese im Ortsteil **Vico**. Hier steht auch das kleine Kirchlein **San Giacomo Apostolo** mit einem hübschen gotischen Portal, umgeben von Fragmenten schöner Fresken. Ein Paradebeispiel für eine gelungene Verbindung von Hof, Speicher und Wohnbereich ist die **Casa Giordan**. Die **Parrochiale dell'Assunta**, die Pfarrkirche, schmückt unter anderem ein kostbares hölzernes Altarbild aus dem 15. Jahrhundert, das von Meister **Domenico**

da Tolmezzo geschnitzt und vergoldet wurde. **Gianfrancesco da Tolmezzo** hingegen hat in der Kirche **San Floriano** im Ortsteil **Cella**, Ende des 15. Jahrhunderts, weithin berühmte Wandmalereien geschaffen. Sein Freskenzyklus zeigt den heiligen Florian mit Aposteln, Heiligen, Kirchenvätern und Propheten. Der Flügelaltar ist eine der besten Arbeiten des Malers Andrea Bellunello.

Wir folgen dem Tagliamento an seinem linken Ufer auf der SS 52, passieren Andrazza und erreichen einige Kilometer danach

Forni di Sotto

Die Gemeinde war, wie der höher gelegene Nachbarort Forni di Sopra, bereits zur Zeit der Römer besiedelt und später, bis zum Ende des 1. Jahrtausends, unter der Herrschaft der Patriarchen von Aquileia. Im Jahr 1326 kamen beide Orte an die Familie der Savorgnan, die unter anderem ein eigenes Kreditinstitut und eine soziale Milchgenossenschaft begründete. So kam es, dass beide Orte lange Zeit nach dem Namen dieser reichen Eigentümer benannt wurden: Forni Savorgnani.

Heute ist Forni di Sotto nur halb so groß und bei Weitem nicht so ansprechend wie Forni di Sopra. Das liegt auch daran, dass die Gebäude der Ortschaft zum Großteil jüngeren Datums sind und den Stil der 1950er- und 1960er-Jahre verkörpern. Der Hintergrund ist eine tragische Geschichte, die sich im Mai 1944 zugetragen hat. Partisanen hatten am Ortseingang einen Trupp der deutschen Wehrmacht angegriffen, wobei ein Offizier ums Leben kam. Daraufhin wurde das Dorf von Panzern umstellt, die Häuser durch die Artillerie zerschossen, Stallungen niedergebrannt und flüchtende Bewohner ermordet. Das Erdbeben im Jahr 1976 richtete neuerlich schwere Schäden an. Zu den wenigen Relikten aus der Vergangenheit zählen drei kunstvoll gefertigte Brunnen in den Ortsteilen **Vico, Basella** und **Treddo**, es scheint, als hätte man um sie herum das Dorf erneuert.

Wir verlassen Forni di Sotto Richtung Osten und kommen kurz darauf zu einem Tunnel, der **Galleria Passo della Morte**. Es lohnt sich, kurz davor nach rechts auf die alte Straße abzubiegen, um ein kunsthistorisches Juwel zu bestaunen. Die kleine Kirche **San Lorenzo**, die alsbald am linken Waldrand auftaucht, wurde 1492 von **Gianfrancesco da Tolmezzo** mit wunderschönen Fresken versehen. Auch wenn das Tor, wie bei den meisten Kirchen, verschlossen ist, hat man zumindest durch die beiden Fenster an der Westseite Gelegenheit, diese faszinierenden Arbeiten aus der Ferne zu sehen.

Brunnen in Forni di Sotto

Kirche San Lorenzo, Passo della Morte

Auf der alten Straße nähert man sich nun dem „Todespass", den man trotz des furchterregenden Namens gefahrlos passieren kann. Die Straße führt hoch oben, eine bewaldete Schlucht entlang und bietet zwischendurch immer wieder schöne Ausblicke auf den Tagliamento, der sich in der Tiefe durch die Klamm windet. Passo della Morte heißt dieser Engpass nicht, weil etwa viele Fahrzeuge in die Schlucht gestürzt sind, sondern in Erinnerung an ein Blutbad im Jahr 1848. Damals versuchten an dieser Stelle bewaffnete Gruppen, rund 1 500 österreichische Soldaten daran zu hindern, in das Cadore-Tal in Venetien zu gelangen, wo sie gegen Aufständische vorgehen sollten.

Die kleine Straße mündet wieder in die SS 52 und wendet sich in der Folge vom Fluss weg in Richtung Nordosten, während der Tagliamento in einem weiten Bogen Richtung Süden ausholt und erst bei Socchieve wieder in die Nähe der Hauptstraße kommt.

WANDERN

Etwa 4 Kilometer nach dem Tunnel bzw. dem „Todespass" hält man an einem großen Parkplatz an der rechten Straßenseite. Eine Schautafel weist den Weg zu dem kleinen **See Cima Corso**, der von einer urwüchsigen Moorlandschaft umgeben ist. Es handelt sich um ein Biotop in der Mulde eines nacheiszeitlichen Sees, das wegen seiner besonderen Artenvielfalt unter Naturschutz gestellt wurde. Der etwa halbstündige Fußweg dorthin ist ausgeschildert und für Naturliebhaber gewiss ein lohnendes Ziel.

Ampezzo

Die kompakte Ortschaft mit einer Reihe stattlicher Häuser liegt auf einer bewaldeten Hochebene in 560 Meter Seehöhe, nahe einem Nebenfluss des Tagliamento, dem wildromantischen Lumiei. Folgt man diesem Wasserlauf Richtung Sauris, so zweigt schon bald eine Straße ab, die nach **Plan dal Sach** zum Kraftwerk von Ampezzo führt. Angetrieben werden dessen Turbinen durch das Wasser aus dem Stausee **Lago di Sauris**, das über Druckrohre hierhergeleitet wird. Daran ist der Tagliamento wesentlich beteiligt, denn zum Wasser des aufgestauten Lumiei wurden auch große Mengen vom Tagliamento in den See geleitet – Wasser, das aus dem Fluss schon viele Kilometer zuvor abgezweigt wurde.

Erstmals in Urkunden erwähnt wird Ampezzo im Jahr 762, als der Ort dem Kloster von Sesto al Reghena als Lehen zugesprochen wurde. Heute zählt Ampezzo rund eintausend Einwohner und ist nach Tolmezzo das zweite wirtschaftliche Zentrum Karniens, was auch seine große Industriezone deutlich macht.

Der Hauptplatz mit dem Brunnen wird vom Campanile und der breiten Giebelfront der barocken Pfarrkirche **San Daniele Profeta** beherrscht. Sie birgt im Inneren einige wertvolle Gemälde von **Nicola Grassi** und, nahe dem Eingang, zwei schöne Barockaltäre. Auch in Ampezzo treffen wir auf zahlreiche traditionelle Gebäude in dem für Karnien typischen Stil, mit Holzbalkonen und in der Kombination von Wohnhaus, Scheune und Stall. Besonders gelungen ist der barocke Palazzo der Familien **Beorchia-Nigris** aus dem 17. Jahrhundert.

Der **Palazzo Unfer** beherbergt ein Kleinod, an dem kein Weg vorbeiführen sollte, das **Geologische Museum**, das durch eine private Initiative ins Leben gerufen wurde und in seiner Art einmalig ist. Es dokumentiert 400 Millionen Jahre Erdgeschichte Karniens anhand zahlreicher Animationen, Schautafeln und beachtenswerter Fossilien. Steine sind bekanntlich das älteste Speichermedium der Erdgeschichte, sie bergen die erstarrten Spuren eines Vulkanausbruchs ebenso wie Informationen über Klima, Pflanzen und Lebewesen über Millionen von Jahren. Die ältesten Fossilien stammen aus dem Paläozoikum, dabei handelt es sich um Organismen, die die Meeresgründe bevölkerten, als Karnien, wie auch ganz Italien, noch vom Meer bedeckt war. Kindern und Jugendlichen ist ein eigener Raum gewidmet, der auf spielerische Art in die Geheimnisse einweiht, die den „Jurassic Park" der Karnischen Alpen umgeben. Eine Menge über das beschwerliche Leben in Karnien vor 100 Jahren verraten die Bilder des ein-

heimischen Malers **Marco Davanzo**. Sie sind als Dauerausstellung im obersten Stockwerk untergebracht. Es sind durchwegs Motive aus der näheren Umgebung: Menschen, idyllische Landschaften und auffallend viel Schnee.
Das Museum ist Dienstag bis Sonntag von 9:30 bis 12:30 Uhr und von 15 bis 18 Uhr geöffnet, geschlossen von 1. Oktober bis 21. Dezember.

Auch die Umgebung von Ampezzo ist äußerst reizvoll und bietet viele Möglichkeiten für Spaziergänge und kleinere Ausflüge. Für Kunstsinnige zu empfehlen ist die kleine Kirche in **Oltris**, mit kostbaren Gemälden, unter anderem „Das Letzte Abendmahl" von Francesco Pelizzotti. Hübsch schmiegt sich das Örtchen **Voltois** an den Berghang. Nur leicht geneigte Ziegeldächer, graue Steinmauern, Laubengänge, Holzbalkone sowie gediegene Vorrichtungen zum Trocknen der Ernte machen seine Mehrzweckbauten besonders attraktiv.

Tour 1 PASSO DELLA MAURIA–AMPEZZO

Länge: 31 km/ca. 40 Min.

Streckenverlauf: Gut ausgebaute Straße durch schöne Waldlandschaften mit Durchblicken zu den Karnischen Dolomiten. Langer Tunnel nach Forni di Sotto (Galleria Passo della morte).

Stützpunkte: Forni di Sopra, Forni di Sotto, Ampezzo

Wandern: Viele Möglichkeiten bei Forni di Sopra, z. B. Anello di Forni

Besonderheiten: Typisch karnische Höfe entlang der Route und bei Forni di Sopra im Ortsteil Vico, Biotop Cima Corso, Laurentius-Kapelle beim Passo della Morte und Geologisches Museum von Ampezzo

TOUR 2

DURCH DIE **SCHLUCHTEN** DES **LUMIEI** NACH **SAURIS**

Die atemberaubenden Schluchten des Lumiei, die wir entlangfahren, um zur großen Staumauer des **Lago di Sauris** zu gelangen, sind einer von vielen Höhepunkten, die eine Reise durch Karnien zu bieten hat. Sie gelten als Attraktion für Abenteuer-, Trekking- und Wandertouren. Die beiden Dörfer **Sauris di Sotto** und **Sauris di Sopra** liegen malerisch eingebettet in einer bezaubernden Almlandschaft auf über 1200 Meter Seehöhe, somit die höchste Gemeinde Friauls. Die beiden Siedlungen wurden erst spät, vor etwas mehr als 70 Jahren, verkehrstechnisch erschlossen. Das lag daran, dass für lange Zeit der Bau einer Straße in den engen und tiefen Schluchten des Lumiei schier undenkbar schien. Die ungezähmte Wildnis der tief eingeschnittenen Klamm war sehr schwer zu bezwingen, sodass sich die aufwendigen Bauarbeiten über viele Jahre hinzogen. Schlussendlich konnte die Gemeinde Sauris durch eine waghalsig konstruierte Straße aus ihrer Abgeschiedenheit erlöst werden. Sie ist rund 10 Kilometer lang und folgt dem Lauf des Flusses in zahlreichen Serpentinen, durch mehrere Galerien und erschreckend finstere Tunnels, die rau und schroff, wie größere Bergwerksstollen, anmuten. Zwischen dem ersten und dem zweiten Tunnel führt ein nicht markierter Steig zu einem atemberaubenden Naturschauspiel. Es ist jene Stelle, an der sich der **Torre Novarza** mit dem Lumiei vereinigt und danach in eine ungeheuer tiefe Schlucht stürzt. Diese Schlucht, **Sac di Coronis** genannt, ist nur wenige Meter breit und an die

Staumauer am Lago di Sauris

130 Meter tief. Wer schwindelfrei ist, kann auf einem sicheren Metallsteg über den Abgrund hinwegschreiten, um am anderen Ufer bis zum Eingang der Schlucht hinabzusteigen.

Fährt man weiter Richtung Sauris, überquert auch die Straße die gewaltige Schlucht, im letzten Drittel der Strecke zwischen zwei Tunnels. Ein Fotostopp an der 150 Meter hohen Brücke ist obligatorisch, ein kurzer Blick in die gähnende Tiefe lässt so manchen erschauern. Die Klamm ist an dieser Stelle zwar etwas breiter als am **Sac di Coronis**, aber nicht minder faszinierend. Ein weiterer Gänsehaut-Erreger lauert am Ende der Schlucht, beim Blick in die Tiefe von der 136 Meter hohen Staumauer. Das Becken enthält sowohl Wasser des aufgestauten Lumiei als auch aus dem Tagliamento und dem Giaf. So sinnvoll und wichtig die Nutzung der Wasserkraft zur Energiegewinnung ist, wird man jedoch gerade in dieser Gegend beim Anblick des gigantischen Stauvolumens unwillkürlich an die **Katastrophe von Vajont** im Jahr 1963 erinnert. Ein gewaltiger Erdrutsch in das Speicherbecken hatte damals einen „Tsunami" zur Folge, der 2000 Menschenleben ausgelöscht und das Städtchen Longarone total zerstört hat. Beim Bau der Staumauer von Sauris in den Jahren 1940 bis 1948 waren rund 300 Kriegsgefangene involviert, das Dorf La Maina musste umgesiedelt und geflutet werden.

Sollte die Straße durch die Klamm gesperrt sein, was immer wieder passiert, so wird der Verkehr über den **Passo del Pura** umgeleitet. Seinerzeit war diese Strecke die einzige Verbindung von Sauris nach Ampezzo und bedeutete rund 8 Stunden Fußmarsch. Heute ist die Verbindung als engkurvige Bergstraße bestens ausgebaut. Sie zweigt einige Kilometer westlich von Ampezzo von der SS 52 ab und bietet schon nach einigen Kurven wunderbare Panoramablicke über das Tagliamento-Tal nach Osten. Die Straße führt an den mit Laub- und Buschwäldern bewachsenen Flanken des **Monte Sesilis** empor und erreicht in 1425 Meter Höhe den **Passo del Pura**, wo sich der Blick nach Norden öffnet. Vorbei am **Rifugio Tita Piaz** und am **Centro Studi di Botanica Alpina** führt die Straße durch schöne Tannenwälder in sanften Kehren hinunter zum Lago di Sauris.

WANDERN

Vom **Rifugio Tita Piaz** führen Wege in alle Himmelsrichtungen, zwei davon sind Rundwanderwege.

Sauris di Sotto

An der Nordseite des riesigen Stausees fährt man an einigen modernen Hotelbauten vorbei und weiter bergauf ins Zentrum des idyllischen Bergdorfes, das von den Einheimischen **Zahre** genannt wird. Am höchsten Punkt der Ortschaft thront auf einem kleinen Plateau die Wallfahrtskirche **Sant'Osvaldo**, in der ein Daumen des Heiligen als Reliquie verehrt wird. Interessanter als der Daumen ist jedoch der gotische Flügelaltar, den der Tiroler Künstler **Nikolaus von Bruneck** vor 500 Jahren geschaffen hat. Im stattlichen Pfarrhof gleich neben der Kirche ist seit einigen Jahren ein Museum eingerichtet, das die Geschichte der Kirche und die religiösen Bräuche dieser Gegend dokumentiert. Unter der Kirche breitet sich das bezaubernde Almdorf aus, das in seiner Unverfälschtheit kaum mit einem anderen Ort verglichen werden kann. Die uralten Holzhäuser, schmalen und steilen Wege und Gassen sowie die wunderschönen Blicke auf die saftigen Almwiesen mit den Schafherden sind Bilder, die man nicht so schnell vergessen kann. An die Gemälde von **Marco Davanzo** erinnert, kann ich mir vorstellen, dass sich der Winter hier ebenso märchenhaft präsentiert, allerdings anstelle der grünen Wiesen und Weiden meterhoch weißer Schnee.

Häuser in Sauris di Sotto

Kirche San Lorenzo in Sauris di Sopra

Nur wenige Menschen müssen hier zur Arbeit auspendeln, die meisten leben von den Erträgen der Landwirtschaft und vom Tourismus, der seit einigen Jahren zunimmt. Daneben spielt Holz eine große Rolle, viele finden Beschäftigung in Zimmerei- und Tischlerbetrieben oder sind Erzeuger kunstvoller Holzarbeiten. Ein stattliches Gebäude am oberen Dorfrand trägt die Aufschrift „Wolf", dabei handelt es sich nicht, wie man vermuten könnte, um ein Hotel, sondern um einen großen Betrieb, der Schinken und Speck erzeugt. Der leicht geräucherte Rohschinken aus Sauris wird mit Gebirgskräutern gewürzt und ist als Delikatesse bekannt. Was auffällt, ist, dass es in der Gegend keinen Betrieb gibt, der Schweine züchtet, folglich ist der Schinken nicht wirklich ein Produkt der Region, sondern aus Fleisch, das angeliefert und hier „veredelt" wird. Die Käseprodukte im Verkaufsraum von Wolf hingegen sind zu hundert Prozent aus Sauris. Beim Sauriser „Zahre-Bier", das man hier ebenfalls anbietet, kommen die Zutaten zum Großteil aus Österreich. Das Bier ist ungefiltert, nicht pasteurisiert und wird in große weiße Flaschen abgefüllt.

Sauris di Sopra

Wie Sauris di Sotto lässt sich auch diese Ortschaft schwer mit anderen Bergdörfern vergleichen. Wie schon der Name verrät (*sopra* = oben), liegt sie etwas erhöht auf einem Bergrücken und bildet mit den sanft abfallenden Wiesen und den Erhebungen des **Monte Bivera** und des **Monte Tinisa**, beide sind über 2000 Meter

Haus in Sauris di Sotto

TIPPS

Wenn Sie auf dem Weg durch die Schlucht hierhergekommen sind, empfehle ich für die Rückfahrt nach Ampezzo den Weg über den *Passo del Pura*, oder eben umgekehrt, es ist eine Rundfahrt, die sich allemal lohnt.

Hotel-Restaurant Morgenleit, im Zentrum von Sauris di Sotto, schöne Zimmer, sehr gute, bodenständige Küche. Tel. +39 043 386166

WANDERN

An Wandermöglichkeiten herrscht hier kein Mangel, man kann gemütlich den See entlangwandern oder in verschiedene Richtungen zu den Bergen im Norden aufsteigen. Besonders empfehlen kann ich die etwa 4,5-stündige Rundwanderung zum **Monte Pieltinis,** die von Sauris di Sotto über den Gipfel nach Sauris di Sopra führt.

hoch, ein bezauberndes Szenario. Im losen Verbund stehen niedrige Bauernhäuser, die an jene aus dem Cadore erinnern, die mehr Holzelemente aufweisen, als man es sonst hier gewohnt ist, und deren Holzbalkone besonders in die Länge gezogen scheinen. Wer hier bleiben möchte, kann in einem *Albergo Diffuso* ein gemütliches Quartier finden. Ein System der Gästebeherbergung, das in Italien seit den 1980er-Jahren geläufig ist. Geboten werden gemütliche alte, mit Feingefühl restaurierte Häuser oder Wohnungen in Objekten des historischen Ortskerns. Sie sollen Gästen das Gefühl vermitteln, nicht nur Hotelgast zu sein, sondern wirklich im Dorf zu wohnen.

Wer sich für das Zahre-Bier interessiert, kann in Sauris di Sopra einen Blick in die Brauerei werfen. Wer eher an sakraler Kunst interessiert ist, sollte die gotische Kirche **San Lorenzo** auf einer kleinen Terrasse unterhalb des Orts aufsuchen. Mit ihrem schlanken Turm erinnert sie an jene Kirchen, wie wir sie in Österreich kennen. Als „höchstgelegene" Kirche von Friaul ist sie dem Himmel besonders nahe und birgt im Inneren einen kostbaren Schnitzaltar von **Michael Parth** aus Bruneck.

Friulanisch und die Sprachinseln

So vielfältig wie die Landschaften Friauls sind auch die Sprachen und Dialekte. In dem Drei-Welten-Eck der romanischen, slawischen und germanischen Kultur hat sich im Lauf der Geschichte eine ganz besondere Mischung entwickelt, die heute als Umgangssprache in vielen Gebieten üblich ist: **Friulanisch** bzw. **Furlanisch**. Im Kern handelt es sich um eine ladinische Sprache, einen von den Römern herrührenden lateinischen Dialekt, der mit dem Schweizer Romansch verwandt ist. Sicher ist, dass sich im Friulanischen Volkslatein und Venezianisch mit deutschen und slowenischen Idiomen vermischt haben. Die Sprache dürfte sich im Laufe des MIttelalters entwickelt haben, zur selben Zeit wie andere Dialekte, die aus dem Lateinischen entstanden sind. Die ersten schriftlichen Aufzeichnungen sind in Verwaltungsakten des 13. Jahrhunderts zu finden.

Oft wähnt man sich in einem „spanischen Dorf", wenn man den Einheimischen zuhört. Erschwerend kommt hinzu, dass in den einzelnen Regionen eine ganze Reihe verschiedener Dialekte existieren. Ausgehend von San Daniele hat sich eine Variante durchgesetzt, die in Radio- und Fernsehprogrammen zu hören ist und auch als offizielle Amts- und Schulsprache anerkannt wird. Unter dem faschistischen Regime verdrängt und verboten, erreichte Friulanisch in den vergangenen Jahrzehnten wieder neues Ansehen und zunehmende Popularität. Zirka 600 000 Friulaner lesen Zeitungen und Bücher und kommunizieren im Alltag in dieser Sprache.

Eine weitere sprachliche Besonderheit stellen die deutschen Sprachinseln in einigen entlegenen Alpentälern Karniens dar. **Sauris** ist eine solche, seit sich hier im 13. Jahrhundert Lesachtaler und Tiroler Siedler niedergelassen haben. Durch die Abgeschiedenheit der Dörfer hat sich bis heute ein altertümliches Deutsch erhalten, das an eine Kärntner Mundart erinnert. In **Sappada** ist durch die aus dem Norden zugezogenen deutschsprachigen Einwanderer ein Dialekt entstanden, der alt- und mittelhochdeutsche Elemente bewahrt hat. Der Dialekt von **Timau** basiert auf der Sprache der Einwanderer aus Kärnten, hat aber auch starke ladinische Elemente. Eine Sprache, die mit dem Slowenischen eng verwandt ist, hört man zuweilen noch im **Resia-Tal**, einem Seitental der Fella. In den zwölf Ortschaften wird von einer Minderheit von etwa 500 Menschen **Resianisch** gesprochen, ein Dialekt, der sogar eine eigene Literatursprache entwickelt hat und an der Grundschule unterrichtet wird, um ihn vor dem Vergessen zu bewahren. Trotz ihrer besonderen Sprachen fühlen sich die Bewohner dieser Sprachinseln vorbehaltlos als Italiener.

Tour 2 AMPEZZO–SAURIS DI SOPRA

Länge: 16 km/ca. 30 Min. durch das Lumiei-Tal, 25 km/ca. 40 Min. über Passo del Pura

Streckenverlauf: Kurvige und enge Straße durch dichten Wald entlang der Schlucht mit einigen dunklen Tunnels bis zum Lago di Sauris, danach herrliche Almlandschaft.

Stützpunkte: Sauris di Sotto, Sauris di Sopra

Wandern: An der Südseite des Sees, ab Sauris di Sopra und Sauris di Sotto in die sanfte Bergwelt mit schönen Almen

Besonderheiten: Lumiei-Schlucht, Stausee Lago di Sauris, außergewöhnlich schöne Bauernhäuser in Sauris di Sotto und Sauris di Sopra. Prosciutto, Wurst- und Käseerzeugnisse sowie das Zahre-Bier aus Sauris di Sopra.

TOUR 3

IM **VAL DI SOCCHIEVE** NACH **VILLA SANTINA**

Der Tagliamento fließt südlich an Ampezzo vorbei, er macht um die Stadt und den **Monte Corno** einen weiten Bogen. Um dem Fluss wieder näherzukommen, verlassen wir Ampezzo in Richtung Tolmezzo. Die Straße wendet sich zunächst nach Süden, führt nach einigen Kilometern bergab und verläuft später wieder nach Osten. Wir überqueren den Lumiei und kommen, indem wir von der Hauptstraße nach links abbiegen, hinauf nach **Mediis**. Gleich am Ortseingang steht rechts an der Straße die **Kirche San Biagio** aus dem 16. Jahrhundert mit Vorhalle, Glockenträger und einem schönen Altar, geschaffen im 16. Jahrhundert von **Michael Parth** aus Bruneck. Schmuckstück des Ortes ist ein Herrenhaus aus dem 18. Jahrhundert im venezianischen Stil, umgeben von einem schönen Park.

Bei den letzten Häusern von Mediis erreichen wir wieder die Hauptstraße und biegen auf dieser wenige Kilometer später nach rechts, Richtung **Socchieve** ab. Die etwas tiefer gelegene sympathische und ruhige Ortschaft zählt zu den ältesten Karniens. Der Name stammt aus dem Lateinischen – *sub clivo* steht für „unter dem Hang". Es ist ein Ort mit vielen ansehnlichen und außergewöhnlich schönen Bauwerken. Ein besonderes Juwel ist die **Chiesetta San Martino** aus dem frühen 15. Jahrhundert. Sie liegt etwas erhöht über dem Zentrum, ihre gotische Apsis ist mit wunderbaren Fresken des Künstlers **Gianfrancesco da Tolmezzo** ausgestaltet, der hier, in Socchieve, geboren wurde. Das Altarbild, der heilige

Kirche San Biagio in Mediis

Casa Vesil in Colza

Martin mit dem Bettler, war übrigens sein letztes Werk, der Künstler war bereits an der Pest erkrankt, als er es noch kurz vor seinem Tod vollenden konnte. Beachtung verdient auch die Turmuhr mit einem gediegenen Uhrwerk aus dem Jahr 1878. Sie stammt aus Pesaris, im Norden Karniens, einem Ort, der seit dem 17. Jahrhundert für die Herstellung hochwertiger Uhren berühmt ist. Die Firma Solari exportiert Turmuhren nach ganz Europa.

Auf einem großflächigen Plateau über dem Ort stand ehemals die Burg der Herren von Socchieve, die vom Patriarchen von Aquileia mit diesem Besitz betraut wurden. Heute thront auf diesem Areal die Kirche **Santa Maria Assunta**, im Osten flankiert von einem großen neuen und an der Südseite von einem pittoresken alten Friedhof.

Südlich der Ortschaft mündet der Lumiei in den **Tagliamento**, dessen Flussbett sich hier schon beträchtlich ausgedehnt hat.

Wir fahren aus dem Ort Richtung Enemonzo, biegen jedoch kurz darauf Richtung **Preone** ab, um diese Siedlung und das Museum in Augenschein zu nehmen. Kurz vor Preone überqueren wir den Tagliamento auf einer langen Brücke. Im Sommer kommt es immer wieder vor, dass der Fluss völlig ausgetrocknet scheint. In Wahrheit führt er dann so wenig Wasser, dass sich dieses unter dem Schotter fortbewegt.

Preone

Fossile Muscheln (oben), Altarfiguren, Santa Maria Maddalena/Col Santina

Preone liegt auf einer Anhöhe am rechten Ufer des Tagliamento und besitzt etliche schöne Gebäude mit quadratischen Fensterrahmen aus Tuffstein und Säulen an den Arkadenbögen. Ein schönes Beispiel karnischer Architektur ist der **Palazzo Lupieri**, in dem ein modernes geologisches Museum eingerichtet ist. Bedeutende paläontologische Funde aus der Umgebung – Fossilien von Säugetieren, Vögeln, Krebstieren und Insekten – dokumentieren hier die Entwicklung dieser Region unter dem Motto „Preone vor 200 Millionen Jahren". In der Gegend zwischen Forni di Sopra und Enemonzo wurden besonders viele Fossilien entdeckt, die meisten jedoch im Bereich südlich von Preone. Fliegende Reptilien, Pterosaurier, Spinnen, unzählige schwimmende Krustentiere und diverse Fische hinterließen hier ihre Spuren. Ein kleiner Saurier aus der späten Triaszeit mit besonders großen Krallen ist sogar nach diesem Ort benannt, der *Megalancosaurus preonensis*.

Wir verlassen Preone und halten an der Tagliamento-Brücke, um den Fluss, sein Schotterbett und das Ufer näher zu erforschen. Im Spätsommer kann man unter den Pflanzen, die hier gedeihen, den hoch wachsenden gelb blühenden **Topinambur** entdecken und im trockenen Flussbett den **Leontodon berinii**, einen endemischen „Leuenzahn". An den unwirtlichsten Stellen blüht das bezaubernde **Rosmarin-Weidenröschen**, wobei der Name sich auf die dem Rosmarin verblüffend ähnliche Form der Blätter bezieht, die Blüten sind hellrosa bis violett.

Bald nach der Brücke biegen wir rechts ab und erreichen **Enemonzo**, *oppidum inter montes tutum*, wie die Römer es nannten. Zwar hat hier das Erdbeben im

Blick vom Col Santina auf den Tagliamento

Jahr 1976 schwere Schäden angerichtet, dennoch sind einige schöne Objekte erhalten geblieben, unter ihnen ein schmuckes Haus im Jugendstil, in dem heute die Gemeindeverwaltung ihren Sitz hat. Nebenan steht die **Chiesetta della Madonna** aus dem 14. Jahrhundert. Das Kirchlein ist ein reizvoller Anblick, es hat eine Vorhalle und einen zweiteiligen Glockenträger, der sehr an spanische Kirchen erinnert.

Die Straße zwischen der Kirche und dem *Municipio* führt nach Colza und Maiaso. Beide Orte liegen etwas weiter nördlich auf einem Plateau in einer ansprechenden, lieblichen Gegend mit Streuobstwiesen und Dörfern und zum Teil außergewöhnlichen Bauten. Interessant an **Colza** ist neben der alten **Casa Vesil** auch die **Kirche San Giorgio** mit einem gediegenen Schnitzaltar und gotischen Fresken aus dem Jahr 1515 (den Schüssel bekommt man beim Pfarrer). In Colza wurde übrigens ein Schatz von 399 keltischen und römischen Münzen geborgen. Die Kirche von Fresis überrascht mit herrlichen Wandmalereien, jene von **Maiaso** mit einem schönen hölzernen Nikolaus.

Dass diese Gegend schon sehr früh besiedelt war, beweisen unter anderem Fundstücke aus der Römerzeit, auf die man in **Quinis** gestoßen ist, dem Ort mit dem auffallend schiefen Turm östlich von Enemonzo und direkt neben der Hauptstraße. Noch ein wenig weiter Richtung Osten, in **Esemon di Sotto**, fand man, wie auch auf dem Hügel San Rocco, Gegenstände aus der Bronzezeit.

Wir haben die mächtige Pyramide des Monte Amariana vor uns, wenn wir das Socchieve-Tal in Richtung Osten verlassen. Bald darauf queren wir das breite Flussbett des Degano, der von Norden kommend etwas weiter südlich in den Tagliamento einmündet, und sind alsbald in **Villa Santina** angekommen. Die etwas mehr als 2000 Einwohner sind zum Großteil in der Landwirtschaft, in der Holzverarbeitung oder in kleinen Industriebetrieben beschäftigt. Im Vergleich zu Ampezzo oder Tolmezzo waren die Auswirkungen des Erdbebens von 1976 hier weit gravierender. Kein Wunder, dass die Gemeinde heute kaum mehr historische Bausubstanz aufweisen kann und sich gegen Felsstürze von den Hängen des **Monte Dolo** durch eine gewaltige Betonmauer und Eisenkonstruktionen geschützt hat.

Mitten im breiten Flusstal des Tagliamento erhebt sich der **Col Santina**, ein knapp 60 Meter hoher Inselberg, der schon vor den Römern und auch später, im Frühmittelalter, besiedelt war. Der langobardische Mönch und Geschichtsschreiber **Paulus Diaconus** bezeichnet diesen Ort mit *Ibligo* und beschreibt ihn als eine der wehrhaftesten Siedlungen des Landes. Sie war die einzige Festung, die selbst beim Einfall der Awaren nicht eingenommen wurde. Bei Grabungen auf dem Hügel wurde eine mehrphasige befestigte Siedlung entdeckt, darunter eine spätrömische, die über verschiedene Werkstätten verfügte und Handel betrieben hat. Das Dorf zu Füßen des **Col Santina** trägt noch heute den Namen **Invillino**. Die Kirche auf dem Hügel, **Santa Maria Maddalena**, stammt aus dem 6./7. Jahrhundert. Auf einem anderen Hügel, dem **Col di Zuca**, etwas weiter

TIPPS

Im Zentrum von *Villa Santina* gibt es eine Produktions- und Verkaufsstätte von köstlichen Säften, konservierten Früchten und eingelegten Wildgemüsen, wie etwa den begehrten *Radic di Mont*, den Alpenmilchlattich, sowie jede Menge getrockneter Pilze, Polentagrieß und Pasta.

Restaurant Vecchia Osteria Cimenti, Via Cesare Battisti 1, Tel. + 39 0433 748053, gepflegtes Restaurant mit guter, regionaler Küche und moderaten Preisen.

westlich hat man die Fundamente einer frühchristlichen Basilika und einer Taufkirche, die Anfang des 5. Jahrhunderts errichtet wurden, freigelegt. Hier entdeckte man auch das Gräberfeld, den Friedhof von Ibligo, denn auf dem Col Santina gab es zur gleichen Zeit keine Kirche. Um zum Col di Zuca zu gelangen, muss man zunächst die reizvolle kleine Kirche an der Tagliamento-Brücke, **Santa Maria del Ponte**, aufsuchen und von dort den Wegweisern durch den Wald folgen.

Fährt man weiter Richtung Osten, nach Tolmezzo, so begegnet man gleich nach dem Ortsende von Villa Santina auf der rechten Seite einer weiteren kleinen und interessanten Kirche: **Santa Maria del Sasso**. Sie liegt zwischen der Straße und dem Tagliamento und hat ihren Namen (*sasso* = Stein) vermutlich von dem großen Felsblock, auf dem der älteste Teil der Kirche ruht. Besonders begehrt ist das bezaubernde Kirchlein als Rahmen für Hochzeiten und Taufen.

Tour 3 AMPEZZO–VILLA SANTINA

Länge: 12 km/20 Min.

Streckenverlauf: Die Straße bleibt an der linken Seite des Tagliamento und führt bergab bis zur Talebene von Villa Santina.

Stützpunkte: Socchieve, Preone, Enemonzo, Quinis und Villa Santina

Besonderheiten: Socchieve mit den beiden Kirchen auf der Anhöhe, das Museum von Preone (Saurier), die Kultplätze bei Villa Santina auf dem Col Santina, Col del Zuca und S. Maria del Ponte am Ufer des Tagliamento

TOUR 4

DER **DEGANO** UND DER **CANALE DI GORTO**

Der erste größere Nebenfluss, der von Norden her aus den Bergen Karniens in den Tagliamento einmündet, ist der **Degano**. Sein Nord-Süd-ausgerichtetes Tal ist 37 Kilometer lang, wird als **Canale di Gorto** bezeichnet und ist eines der ansprechendsten Täler Karniens. Die Vegetation ist üppig, mit weiten Flächen von **Kiefern- oder Mischwäldern**, dazwischen Wiesen und Weiden, und hoch über dem Talboden liegen verstreut einige kleine Dörfer.

Kirche auf dem Monte Castellano

Wir verlassen Villa Santina Richtung Norden und machen, ehe wir den Degano flussaufwärts erkunden, einen Abstecher nach **Raveo**, ungefähr 5 Kilometer nordwestlich gelegen. Der kleine, sympathische Ort war schon in der Antike besiedelt und besitzt einige sehr schöne, typisch karnische Bauten. In seiner Nähe wurden römische Gold- und Silbermünzen gefunden sowie Graburnen mit Öllampen. Oberhalb des Ortes, auf dem **Monte Castellano**, thront in großartiger Lage eine Kirche und, dahinter versteckt, ein verlassenes kleines Franziskanerkloster. Das Ordenshaus mit der Jahreszahl 1726 über dem Eingangstor wurde 1810 von den Mönchen verlassen und ist verschlossen, ebenso die Kirche, wie die meisten (kleineren) Kirchen in Italien. Allein der optimale Standort und das beschauliche Kloster sind es dennoch wert, hierherzukommen, auch wenn der Blick ins Tal nunmehr durch hohe Bäume behindert ist.

Noch etwas höher und weiter nordwestlich erreicht man eine reizvolle, von hohen Bergen umrahmte Hochebene und in ihr eine sanft in Wiesen eingebettete Mulde, die Senke von **Valdie**. Ausnehmend schöne gemauerte Scheunen und Almhüt-

Pieve di Gorto

ten, die zu Wohn- und Ferienhäusern umgebaut wurden, fügen sich harmonisch in diese abgeschirmte, heimelige Lage ein.

Kurz vor Valdie zweigt rechts ein Weg ab und führt auf den **Monte Sorantri** (891 m) zu einer der reichhaltigsten archäologischen Fundstätten der Region. Sowohl die Vielfalt als auch die Qualität der Fundobjekte, die an diesem keltischen Kultplatz geborgen wurden, ist beeindruckend. Man hat hier Opfergaben, Waffen, Fibeln und allerlei Werkzeug entdeckt, Gegenstände, die man im Museum von Zuglio besichtigen kann.

Um den Weg nach Norden am rechten Ufer des Degano fortzusetzen, kann man von **Raveo** aus auf einer zum Teil sehr engen Straße zunächst durch den Wald und später in der Nähe des Flusses das Dorf **Muina** erreichen. Von hier führt die Straße zum wichtigsten Heiligtum dieser Gegend, der Kirche **Pieve di Gorto** in **Ovaro**.

TIPP

Ein kulinarisches Fest unter dem Motto „Die Aromen Karniens" wird in Raveo alljährlich am zweiten Sonntag im Dezember gefeiert. Aufgeboten, verkostet und verkauft wird alles, was die Region an Köstlichkeiten zu bieten hat. Äußerst begehrt sind kosmetische und medizinische Produkte aus Sanddorn, der hier wie in anderen Uferbereichen des Tagliamento häufig anzutreffen ist.

WANDERN

Zur Kirche und zum Kloster führt von **Raveo** aus ein romantisches, mit runden Steinen gepflastertes Sträßchen, Gehzeit ca. 30 Minuten. Von dort kann man zum Grabungsgelände auf die Kuppe des **Monte Sorantri** weiterwandern, um den keltischen Kultplatz zu besichtigen. Dazu geht man den Weg von der Kirche weiter bergauf, wendet sich an der Kreuzung nach links und kurz nach der höchsten Stelle des Asphaltsträßchens (nach einem Wasserbehälter am linken Straßenrand) nach rechts in einen geschotterten Weg, der anschließend in einen Waldweg übergeht. Anfangs ohne Markierung, später durch rote Punkte an den Bäumen gekennzeichnet, erreicht der Weg nach der Abzweigung in etwa 20 Minuten die freigelegten Mauerreste im Bereich der Kultstätte. Wer nach einer Beschriftung oder Schautafel Ausschau hält, wird enttäuscht sein. Im Herbst oder Frühjahr geben die Büsche am Rand der Felswand einen kolossalen Blick auf Raveo und das Tagliamento-Tal frei.

Auf dem Rückweg bietet sich die Möglichkeit, in etwa 20 Minuten die Senke von **Valdie** zu erreichen. Dazu wendet man sich, an der Asphaltstraße angekommen, sofort nach rechts und gelangt wenig später in den idyllischen Wiesenhain. An der schmucken kleinen Kirche bietet ein reizvoller Picknickplatz die Möglichkeit zu einer kurzen Rast. Für die gesamte Tour muss man ca. 2,5 Stunden Gehzeit veranschlagen.

Oder man fährt entlang des kleinen Torrente Chiarzo zurück in Richtung Villa Santina, überquert den **Degano** auf einer Brücke und wendet sich sofort nach links. Auf der stark frequentierten SR 355 passiert man zunächst einen langen Korridor und folgt bald darauf einer Abzweigung nach rechts, Richtung **Trava**. Das verschlafene Dörfchen, das man nach einigen steilen Kurven erreicht, liegt direkt gegenüber von Raveo, allerdings rund 200 Meter höher. Interessanter als das Dorf ist die kleine Wallfahrtskirche auf einer Anhöhe im Nordosten, **Santa Maria di Trava**. Errichtet im Jahr 1660, wurde sie durch eine Legende weithin berühmt. Dieser zufolge konnten Säuglinge hier noch kurz nach ihrem Tod getauft und dadurch manchmal sogar wieder zum Leben erweckt werden.

Trava gehört zur Gemeinde **Lauco**, einem hübschen Ort in der näheren Umgebung mit typischen karnischen Häusern und Laubengängen. Auch dieses schön

Trava

gelegene Areal war schon früh besiedelt, davon zeugen Funde und mehrere Felsengräber.

Zurück im Tal, wendet man sich nach rechts und erblickt nach wenigen Kilometern die Abzweigung nach **Cludinico** sowie die Mauerreste eines Schmelzofens. Die Schautafel davor skizziert ein weit verzweigtes System von Bergwerksstollen, die dem Abbau von Anthrazit gedient haben, einer hochwertigen, gasarmen Kohle. Die alten Stollen und das kleine Bergwerksmuseum in Cludinico können auf Anfrage besichtigt werden (Associazione Touristica Pro Ovaro, Tel. +39 0433 67223).

Vor uns im Tal öffnet sich nun das weiträumige Becken von Ovaro mit seinen grünen Wiesen und Fichtenwäldern. **Ovaro**, eine Gemeinde mit 2 200 Einwohnern, auch Balkon des Degano-Tals genannt, war bereits in der Antike besiedelt – ein strategisch wichtiger Punkt auf einer Handelsroute, die den Süden mit der Region **Comelico**, im Norden von Belluno, verband. Der Weg führte von hier über den damals wichtigen Kreuzbergpass, den **Passo di Monte Croce di Comelico**. So erlangte Ovaro als Handelszentrum Bedeutung und Wohlstand, woran noch einige vornehme Palazzi erinnern. Der große Viehmarkt, der alljährlich am 11. November abgehalten wird, ist ebenfalls ein Relikt aus jener Zeit, als der Handel für Ovaro die wichtigste Rolle spielte. Heute werden auf diesem Mercato di San Martino vielerlei Produkte angeboten.

Auf dem Weg zur Hauptattraktion von Ovaro, zur Kirche **Santa Maria di Gorto**, weit außerhalb des Zentrums, überqueren wir zunächst den Degano und gelangen, vorbei an einer großen Papierfabrik, zu jener Kirche, die den spirituellen Mittelpunkt des Tals darstellt. Santa Maria di Gorto ruht auf der Kuppe eines riesigen Felshügels im Ortsteil **Cella**, dort, wo einst das Castello di Agrons emporragte. Es ist ein Ort, dessen Tradition als Kultplatz bis ins 8. Jahrhundert zurückreicht. Im Inneren der Kirche sind romanische Fresken aus dem Vorgängerbau erhalten geblieben, ebenso interessant ist die Darstellung des heiligen Martins mit dem Bettler, ein Schnitzwerk von **Domenico da Tolmezzo**. Interessante Funde aus der Gegend werden im kleinen Museum unterhalb der Kirche präsentiert, darunter auch rätselhafte Tuffsteinfiguren aus dem 7. und 8. Jahrhundert; sie sollen betende Menschen darstellen. Das Museum ist allerdings nur an Wochenenden von 10 bis 12 und von 16 bis 18 Uhr geöffnet.

Auf dem Berghang oberhalb der Kirche, im Ortsteil **Mione**, steht ein weiteres Wahrzeichen von Ovaro, der prächtige **Palazzo Micoli-Toscano**, das „Haus der 100 Fenster", wie er auch genannt wird. Er liegt in bester Position über dem Becken von Ovaro, die grün glasierten Dachziegel glänzen im Sonnenlicht und sind dadurch schon von Weitem ein Blickfang. Nicht weit entfernt, nördlich von Mione, liegt die Ortschaft **Luint** mit der bezaubernden **Kirche Santa Catarina**. Die gotischen Fresken im Chor erzählen die Geschichte der heiligen Katharina.

Kommt man zurück nach Ovaro, fährt man kurz vor der Brücke an der kleinen Kirche **San Martino** vorbei, auf dem Grabungsgelände unmittelbar daneben wurden vor Kurzem die Fundamente einer frühchristlichen Basilika aus dem 5. Jahrhundert freigelegt. Mit dieser Entdeckung hat die Kirche Santa Maria di Gorto wohl ihren Rang als älteste Kirche des Tales eingebüßt.

Nordöstlich von Ovaro liegt der hübsche Ort **Liariis**, er gilt als das Tor zum **Monte Zoncolan**, dem Hausberg von Ovaro. Fährt man von dort noch ein Stückchen weiter nach Norden, kommt man nach **Clavais**, einem Dorf mit kompaktem ländlichen Ortskern und stilvollen alten Bauernhäusern. Von der Kirche blickt man weit nach Norden, auf das Degano-Tal und auf das Pesarina-Tal, wobei Letzteres für mich eines der schönsten Täler Karniens ist. Auch wenn es sich nur um einen untergeordneten Tagliamento-Nebenfluss handelt, sollte man zumindest 8 Kilometer weit in dieses Tal vordringen.

Val Pesarina

Das malerische Tal des **Torrente Pesarina** erreicht man etwa 2,5 Kilometer nördlich von **Ovaro**, es verläuft Richtung Westen und war schon seit dem 2. Jahrhundert vor Christus von keltischen Karnern besiedelt. Durch das Tal führt ein uralter Handelsweg, der Karnien mit der nordöstlich gelegenen Region Comelico–Sappada in den Belluneser Dolomiten verbindet. Heute leben in den elf Ortschaften dieser alten Kulturlandschaft insgesamt rund 1 000 Menschen, eine Zahl, die leider auch hier ständig kleiner wird.

Turm von Prato

Die Straße Richtung Westen steigt nun ständig, aber moderat an, vorbei an einigen niedlichen Siedlungen erreichen wir den Hauptort **Prato Carnico**. Ein Blickfang am Ortseingang ist, mitten auf einem großen Parkplatz, der stark geneigte Glockenturm. Seine Neigung ist bedrohlich und dem berühmten Turm von Pisa durchaus ebenbürtig. Obwohl er diese Position schon über Jahrhunderte ohne umzustürzen einnimmt, scheut man sich dennoch, unmittelbar neben dem Turm zu parken. Der gotische Flügelaltar in der großen Kirche **San Canciano** ist ein Meisterwerk des Künstlers **Michael Parth** aus Bruneck, dem Karnien eine Vielzahl von Kunstwerken zu verdanken hat. Sehenswert ist außerdem das wuchtige Pfarrhaus mit den attraktiven Arkaden. So wie in Prato Carnico haben im Pesarina-Tal viele Dörfer ihren ländlichen Charakter bewahrt.

Bildhübsch ist der kleine Ort **Osais** mit der Kirche **San Leonardo** westlich von Prato. Ein paar Kilometer weiter erreicht man den interessantesten Ort des Tals: **Pesariis**. Sein Name leitet sich vom italienischen Wort *pesa* = die Waage ab, denn hier wurden ehemals im Güterverkehr die Abgaben kassiert. Berühmt wurde Pesariis vor allem durch die Fratelli Solari und ihre im Jahr 1725 begründete und noch heute aktive und renommierte Uhrenfabrikation. Die Turmuhren vieler Kirchen stammen aus Pesariis und auch so manche Bahnhofsuhr wurde hier erzeugt. Uhren überraschen den Besucher von Pesariis an jeder Straßenecke und in allen Variationen – von der doppelten alten Sonnenuhr bis zu technisch ausgeklügelten und verspielten Kunstwerken an Brunnen, Wasserrädern und Hauswänden. Auf dem Platz vor der Kirche ist eine riesengroße historische Uhr in einer Glasvitrine mit allerlei Glockenspielereien gekoppelt. Im Uhrenmuseum am Ortseingang sind über hundert alte Uhren aus verschiedenen Epochen und von unterschiedlicher Mechanik zu besichtigen, einige Exemplare haben schon vor mehr als 400 Jahren die Stunden gezählt. Man könnte sagen, in Pesariis ist zwar in vielerlei Hinsicht die Zeit stehen geblieben, nicht aber die Uhren. Es ist ein Ort der Superlative, einheitlich, kompakt und formschön, vielleicht einer der schönsten Karniens.

TIPP

Ai Sette Nani, Albergo Ristorante, Prato 30, Tel. +39 0433 69013. Moderne, saubere Zimmer, gute Küche und besonders freundliche Gastgeber.

TIPPS

Das *Uhrenmuseum* präsentiert eine Vielzahl an Bahnhofsuhren, Turmuhren, aber auch elektronischen Uhren. Außer in der Oster- und Weihnachtswoche sowie im Sommer ist es nur sporadisch an Wochenenden geöffnet (Tel. +39 0433 69214 oder 0433 69034).

Kleines Museum des Karnischen Hauses: Der letzte Nachfahre der Familie Bruseschi hat dieses Haus mit allem Inventar der Gemeinde vererbt. Eine wunderbare Gelegenheit, das typische Ambiente eines bürgerlichen Wohnhauses auf sich wirken zu lassen. Besuch nur für Gruppen nach telefonischer Voranmeldung, Tel. +39 338 3460 595.

Zurück am Degano wenden wir uns zur weiteren Erkundung des Canale di Gorto nach Norden und sehen schon bald vor uns in der Ferne die Kirche **San Giorgio** von Comeglians. Sie thront auf einer Anhöhe über der Mitte des breiten, gefälligen Talbeckens, das im Süden bei Ovaro seinen Anfang hat und sich hier wieder schließt. Die Straße führt am Fluss, weit unter der Kirche, durch eine enge Schlucht nach Nordwesten weiter. Doch in **Comeglians**, einem Ort mit etwa 600 Einwohnern, lohnt es sich, ein wenig zu verweilen. Sympathisch ist die kleine Bar mit dem Buchladen an der Durchzugsstraße Via Roma. Gleich um die Ecke und etwas erhöht steht die kleine gotische Kirche **San Nicolò**, in der man erst jüngst schöne Wandmalereien aus dem Mittelalter entdeckt hat – wirklich sehenswert!

TIPPS Comeglians

Ristorante – Albergo – Bar Alle Alpi, Via Roma 38, Tel. +39 0433 60552

Affittacamere e Appartamenti per vacanze, Via Roma 33, Tel. +39 0433 60312

In **Povolaro**, dem Nachbarort, ist der historische Ortskern über Jahrhunderte unverändert erhalten geblieben. Der kleine Ort überrascht mit zahlreichen majestätischen Bauten, von denen allerdings die meisten auf eine Renovierung warten, wie sie beim **Palazzo de Gleria** bereits hervorragend gelungen ist. Povolaro ist das Tor zum **Val Calda**, einer Querverbindung zum Canale di San Pietro über den Wintersportort Ravascletto nach Cercivento.

Von Povolaro, wie auch schon zuvor von Comeglians, führen Wegweiser zur **Strada Panoramica delle Vette**, die über die beiden hübschen Orte Mieli und Tualis zum **Monte Crostis** (2252 m) führt. Die ersten 11 Kilometer fährt man zwar durch mehr oder weniger dichten Fichtenwald, aber dann wird man mit herrlichen Ausblicken auf die Bergwelt Karniens belohnt.

Wir bleiben am Degano, wechseln an das rechte Ufer und passieren nach einigen Kilometern **Valpicetto**, ein typisch karnisches Dorf mit bäuerlichem Ambiente.

Kurz vor der Ortschaft Rigolato biegt eine kleine Straße zum Dörfchen **Gracco** ab, das vor allem durch den „Verbotenen Wald" Berühmtheit erlangte. Der ausgedehnte dichte und hohe **Buchenwald**, der vor Steinschlag und Lawinen Schutz bietet, darf nicht betreten werden. Außer Buchen wachsen in der Umgebung von Gracco und Givigliana auch Bergahorn, Ebereschen und Goldregen.

Rigolato breitet sich an steilen Hängen links und rechts des Flusses aus. Als sprachliche Besonderheit dieser Gegend wird das „o" auffällig offen und betont gesprochen. Früher einmal lebte man hier vor allem vom Bergbau, von den Kupfer- und Silberminen, heute vorwiegend von der Landwirtschaft und dem Tourismus. Vor dem Rathaus steht die Bronzefigur des italienischen Dichters **Enrico Fruch**, der im Nachbarort **Ludaria** geboren wurde und dem man als Straßenname in vielen friulanischen Städten begegnet.

Palazzo Micoli-Toscano, Mione

Das Tal des Degano wird ab nun immer einsamer und ist nur mehr dünn besiedelt, da und dort findet man einzelne Häuser und zur Rechten, hoch über dem Talboden, liegt umgeben von dichten Wäldern das Dorf **Givigliana**. Wir überqueren den Degano und fahren durch eine kurze Galerie. Das Tal wird immer enger, sodass sich der Fluss da und dort durch schroffe Felsen zwängen muss. Nach einem Tunnel leuchtet einem die weiße Spitze des *Monte Tuglia* entgegen, der sich über den Wäldern erhebt. Bald wird das Tal wieder etwas breiter, der monströse Monte Chiadin taucht auf und kurz darauf erreicht die Straße zwischen den Wäldern in einer Senke oberhalb des Degano die nördlichste Gemeinde Friauls, **Forni Avoltri**, in 888 Meter Seehöhe. Auch in dieser Siedlung lebte man einst vom Bergbau, was bereits im Jahr 778 eine Urkunde des Klosters Sesto al Reghena belegt, die Forni Avoltri als ein Dorf beschreibt, das reich an Kupfer und Eisen ist. Heute leben die Menschen von der spärlichen Land- und Forstwirtschaft und vom Tourismus. In einem der schönen alten Gebäude ist das **Ethnografische Museum** *„Cemout chi erin"* (= Wie wir waren) eingerichtet. Eine völkerkundliche Sammlung, die vom 19. Jahrhundert bis in die Zeit nach den beiden Weltkriegen alle Lebensbereiche widerspiegelt. In der Nähe der Ortschaft findet man einige Marmorsteinbrüche und eine alkalische Quelle mit eisensulfathaltigem Heilwasser, das bei Nierenleiden Linderung bringen soll.

WANDERN

Von Forni Avoltri führt eine Straße zum Dörfchen **Collina**, von dort bieten sich schöne Ausflüge zu den Berghütten **Tolazzi, Marinelli** und **Volaia** an und für geübte Bergwanderer zum **Monte Coglians** (Hohe Warte, 2780 m).

Man kann den Degano ab **Forni Avoltri** auch geradeaus weiterverfolgen, allerdings findet man keine nennenswerten Siedlungen mehr, nur **Fichtenwälder, Weiden** und **Weißerlen** entlang des Bachufers, Felsen, steile Berge und einige Wander- und Kletterwege. Irgendwo dazwischen sprudelt die Quelle des Degano in 1039 Meter Seehöhe.

Die attraktivere Möglichkeit, von hier aus noch etwas Interessantes zu erkunden, ist eine Fahrt ins 12 Kilometer entfernte **Sappada** *(Plodn)*, eine weitere deutsche Sprachinsel. Sappada liegt bereits in Venetien, in einer herrlichen Bergkulisse in 1200 Meter Seehöhe, südlich des **Monte Peralba**, dem Hochweißstein (auf Plodnerisch *Jochkouvl*). Sappada besteht im Grunde aus einer 5 Kilometer langen Kette von Dörfern. Insgesamt ein mondäner Wintersportort mit entsprechend großen Hotelburgen, Wellnesstempeln, zahlreichen Geschäften, Loipen und Liftstationen.

Tour 4 VILLA SANTINA–FORNI AVOLTRI–SAPPADA

Länge: 26 km/40 Min. bis Forni Avoltri, 38 km/57 Min. bis Sappada

Streckenverlauf: Durchwegs gute Straße entlang des romantischen Degano-Tals, außer dem Becken von Ovaro eng und flankiert von dichten Wäldern

Stützpunkte: Ovaro, Pesariis, Comeglians, Forni Avoltri, Sappada

Besonderheiten: Raveo mit Kloster auf dem Monte Castellano, Ovaro mit Kirche Santa Maria di Gorto und Palazzo Micoli-Toscano, schöne Dörfer bei Ovaro. Schiefer Turm von Prato, die Uhren in Pesariis.

TOUR 5

ZUGLIO UND DAS **BUT-TAL – CANALE DI SAN PIETRO**

Das But-Tal, auch Canale di San Pietro genannt, ist seit der Antike eine stark frequentierte Nord-Süd-Verbindung, auch wenn sie im letzten Jahrhundert durch die als Autobahn ausgebauten Strecken über den Brenner und durch das Kanaltal an Bedeutung verloren hat. Immer noch rollt viel Schwerverkehr durch das Tal und nur die größeren Orte wie Tolmezzo, Arta Terme oder Paluzza werden umfahren. Umgeben von einer Kette hoher Berge wirkt das Tal im unteren Abschnitt und im Mittelteil bei Sutrio dennoch relativ breit und ausladend. Bis auf den letzten Abschnitt ab Paluzza sind die Flanken des Canale di San Pietro nicht besonders steil und mit Wiesen und Wäldern bedeckt, da und dort liegen verstreut einige Dörfer.

Wendet man sich von Tolmezzo Richtung Norden, hat man die Möglichkeit, auf der kleinen Straße SP 21 (Variante 1) am rechten Ufer des But den Hauptort des Tals, Zuglio, zu erreichen, oder man wählt die schnellere Variante, die SS 52b (Variante 2) auf der anderen Talseite.

Variante 1

Die Straße SP 21 kommt bald nach der Brücke bei **Caneva** an der alten Kirche **Santa Maria Oltrebut** vorbei. Sie liegt in wunderbarer Panoramalage auf einem Felsvorsprung rund 80 Meter über der Straße. Kurz nach einer Gärtnerei und knapp vor dem Tunnel führt ein Fußweg zu ihr empor. Es ist dies der **Cammino delle Pievi** auf seiner zweiten Etappe. Santa Maria Oltrebut wurde im 12. Jahrhundert auf diesem kleinen, aber strategisch gut gelegenen Plateau erbaut. Zuvor stand hier ein mittelalterliches Kastell mit dem Namen San Lorenzo. Schöne Ausblicke auf den Tagliamento und auf Tolmezzo gibt es nur im Frühjahr oder Spätherbst, wenn die umgebenden Büsche keine Blätter tragen.

Zirka 6 Kilometer talaufwärts, an Terzo vorbei, erreichen wir knapp vor Zuglio **Formeaso**, wo sich ein kurzer Halt lohnt. Die Kirche ist für diesen kleinen Ort er-

San Floreano

staunlich aufwendig ausgestaltet, unter anderem mit sehenswerten Bildern (z. B. „Mariä Verkündigung" und „Christus in Gethsemane") von **Nicola Grassi**, der hier geboren wurde. In der hübschen Ansiedlung mit den engen Gassen befinden sich einige überraschend schöne Patrizierhäuser.

Zuglio

Heute wirkt der Ort klein und bescheiden, vor 2000 Jahren befand sich hier eine prächtige Stadt und ein wichtiger Verwaltungssitz. Der Name Zuglio leitet sich vom lateinischen *Iulius* ab, denn es war Julius Cäsar, der hier im Jahr 50 vor Christus *Iulium Carnicum* gegründet hat, und zwar zugleich mit *Forum Iulii*, dem späteren Cividale. Kaiser Augustus hat diese Stadt zum administrativen Zentrum für ganz Karnien auserwählt und dementsprechend prunkvoll ausstatten lassen. Wie prachtvoll die römische Stadt gewesen sein muss, kann man an den Resten des ehemaligen Forums ermessen. Von der riesigen Anlage haben sich Reste der Grundmauern und einiger Säulen erhalten, die einst auf der südwestlichen Seite einen überdachten Gang (Portikus) bildeten. Innerhalb dieses Bezirks lag der Tempel mit einer auf vier Säulen ruhenden Vorhalle. Dem Tempel gegenüber stand eine zweischiffige Basilika, die den Funden zufolge auf eine reiche, lebendige Markthalle schließen lässt. Außerhalb dieses Bezirks wurden Mauerreste gefunden, die zu öffentlichen

Santa Maria in Monte

Gebäuden und Wohnhäusern gehörten. Wie die restliche Stadt angeordnet war, lässt sich schwer rekonstruieren. Die Funde aus dem *Forum Carnicum* sind im **Archäologischen Museum** im **Palazzo Tommasi Leschiutta** ausgestellt, für eine Besichtigung des Forums bedarf es einer Voranmeldung. Außer den Funden aus der Antike präsentiert das Museum sehr übersichtlich, wie das *Iulium Carnicum* aufgebaut war und ausgesehen hat. Man zeigt die wichtigsten Grabungsergebnisse der Nekropole von **Misincinis** bei Paularo (8. bis 4. Jahrhundert vor Christus), von der Festung auf dem Hügel **Mazeit** vis-à-vis von Tolmezzo und der keltischen Siedlung aus der Latènezeit auf dem **Monte Sorantri** oberhalb von Raveo.

Zur Kirche **San Pietro di Carnia**, dem Wahrzeichen des Canale di San Pietro, auf einer Bergkuppe ober der Ortschaft führt eine gut ausgebaute Straße, dennoch muss man das letzte Stück zum Gipfel zu Fuß bewältigen. Zur Belohnung bekommt man bei schönem Wetter eine herrliche Aussicht über die Bergwelt Karniens – Arta Terme, Zuglio und das But-Tal liegen einem hier zu Füßen. Das heutige Aussehen einer der ältesten Kirchen Karniens ist das Ergebnis mehrerer Umbauten und der Restaurierung nach dem Erdbeben 1976. Was Architektur und Ausgestaltung betrifft, gehört San Pietro zu den schönsten Gotteshäusern der Region. Immerhin war dieser Ort in der Spätantike Bischofssitz. Der gotische Schnitzaltar mit der prunkvollen Vergoldung und Bemalung ist ein Hauptwerk des Künstlers **Domenico da Tolmezzo** und wurde 1483 fertiggestellt. Von den Holzfiguren sind nur wenige im Original erhalten, was nicht weiter auffällt, denn die 1981 gestohlenen Objekte wurden durch gelungene Nachbildungen ersetzt. Rechts vom Chor führt eine Treppe zur Sakristei, die mit farbenprächtigen Fresken ausgemalt ist. Der Kirchenraum selbst mit dem wuchtigen Netzrippengewölbe erinnert stark an Kirchen in Kärnten oder Südtirol. San Pietro di Carnia steht in den Sommermonaten, außer montags, von 10 bis 13.30 und von 15 bis 18 Uhr offen.

Der Kuss der Kreuze

Fresken in San Pietro

Es ist ein farbenfrohes, besinnlich-fröhliches Fest, das im Mittelalter seinen Ursprung hat und zu dem alljährlich am Tag von Christi Himmelfahrt Gläubige aus ganz Karnien hierherkommen. Jede Kirche Karniens ist mit einer Abordnung vertreten, um San Pietro als Mutterkirche zu verehren. Sie tragen ein mit bunten Bändern geschmücktes Kreuz ihrer Heimatkirche zur Kirche San Pietro. In einer eindrucksvollen Zeremonie verneigt sich jede Gruppe vor dem Kreuz aus San Pietro, die Kreuzträger berühren dieses mit ihrem Kruzifix – ein symbolischer Kuss: *Bacio delle croci*.

Lohnenswert ist ein kurzer Fußweg von der Kirche auf dem Gipfel hinab zur großen Kapelle **Santa Maria in Monte**. Das Gnadenbild, das hier verehrt wird, nennen Einheimische liebevoll *Madonnina*. Die Gründung dieses Bergheiligtums geht auf das 14. Jahrhundert zurück. Typisch für Karnien ist der schlichte steinerne Glockenträger, der das Gebäude überragt.

Geht man von der Kirche San Pietro Richtung Nordosten hinauf zur Straße, so kommt man an einem großen Botanischen Garten vorbei. Der **Orto Botanico Polse di Côugnes** liegt direkt neben einem attraktiven Restaurant mit schönen Arkadengängen. Auf vier Terrassen sind etwa 1 200 verschiedene Pflanzen zu sehen, ein Querschnitt durch die Kräuterwelt Karniens. Vertreten sind Pflanzen, die als Wildgemüse gebräuchlich sind, Heilkräuter, die für Tees und Kräuterliköre verwendet werden, aber auch Giftpflanzen.

Variante 2

Auf der gut ausgebauten und stark frequentierten SS 52b, von Tolmezzo Richtung Norden, kommt man nach 5 Kilometern zur Ortschaft **Imponzo**, dem Ausgangspunkt des **Cammino delle Pievi**. Ein im Kapitel „Kirchenwandern am Tagliamento" näher beschriebener Weg führt von hier zur kleinen Kirche **San Floreano** und weiter nach Illegio und Tolmezzo – sehr zu empfehlen!

Man folgt dem But weiter nach Norden, überquert den **Torrente Chiarso** und erreicht **Cedarchis**, eine eher unauffällige Ortschaft, die am Beginn des Canale d'Incaroio steht, der sich von hier Richtung Nordosten bis Paularo erstreckt.

Canale d'Incaroio und Paularo

Mehr noch als andere Regionen Karniens hatte dieses Tal schon ab dem 16. Jahrhundert mit dem Problem der Abwanderung zu kämpfen. Selbst der Textilunternehmer Jacopo Linussio, der über 3000 Familien in Karnien beschäftigte, konnte diesen Trend nicht stoppen. Obendrein waren Handwerker aus Karnien in weiten Teilen Europas besonders gefragt.

Wasserfall von Salino

Der **Chiarso**, dem wir flussaufwärts folgen, ist ein wasserreicher Nebenfluss, der mit *torrente*, also Sturzbach, wirklich treffend bezeichnet ist. Sein Flussbett ist ebenso breit und reich an Schotter wie die meisten der karnischen Wasserläufe. An den steilen, bewaldeten Hängen des engen Tales kleben an der linken Straßenseite da und dort kleine Dörfer, von denen man meinen könnte, die Häuser wären übereinander gebaut. In **Salino**, einem dieser Dörfer, sollte man sich den erfrischenden Anblick eines mächtigen Wasserfalls nicht entgehen lassen. Im Osten wird das Tal vom knapp 2200 Meter hohen **Monte Sernio** beherrscht und zur Linken, im Nordwesten, ist es der etwas niedrigere **Monte Tersadia**. Die Straße wird auch Anello del Monte Tersadia genannt, weil sie praktisch in weitem Bogen über Paularo und Paluzza um diesen Berg herumführt. Sie ist gut ausgebaut, mit einigen Tunnels und einer langen modernen Hangbrücke. Der Hauptort des Chiarso-Tals **Paularo** mit etwa 2 600 Einwohnern ist das Zentrum der Almwirtschaft und Käseproduktion. Zu den kulturhistorisch interessanten Plätzen gehört vor allem die Kirche **Santa Maria Maggiore** im Ortsteil **Dierico** mit einem wertvollen Freskenzyklus und schönen Schnitzfiguren von **Antonio Tironi** am Renaissancealtar. Nicht minder interessant ist der **Palazzo Calice**, von dem viele behaupten, es sei der schönste Bau Karniens. Prächtig anzusehen ist auch der **Palazzo Mocenigo-Linussio-Fabiani**, entworfen vom berühmten Architekten Domenico Schiavi. In der **Casa Scala**, einem altehrwürdigen Gebäude in der Via Linussio, sind in der Ausstellung „La Mozartina" alte Musikinstrumente einer Privatsammlung sowie antike Bücher und Bilder zu bewundern. Der **Palazzo Calice-Valesio** in Villafuori ist ein Museum, in dem die Geschichte Paularos und Karniens anhand von Kunstobjekten und Einrichtungsgegenständen lebendig wird.

Aufsehen erregt hat Paularo in den 1990er-Jahren durch die **Nekropole von Misincinis**, eine sensationelle archäologische Entdeckung im Nordosten des Dorfs: Bauarbeiten brachten ein Gräberfeld der älteren Eisenzeit ans Licht, das in der Forschung einiges Aufsehen erregte, da sich daraus schließen lässt, dass die Ureinwohner dieser abgelegenen Gebirgsgegend in gehobenem Wohlstand lebten, was sich nur durch deren Rolle als Säumer und den Gütertausch zwischen Oberitalien und dem Ostalpenraum erklären lässt, insbesondere mit den Zentren des Salzbergbaus in Hallein und Hallstatt. Etwa 180 Gräber wurden dokumentiert, bei denen die Urnen in Erdlöchern beigesetzt waren. An Grabbeigaben wurden kostbare Dolche, reichlich Schmuck, zum Teil mit magischen Symbolen, gefunden. Herausragend war das Grab einer Frau in priesterlichem Ornat mit kostbaren Kultgegenständen. Misincinis liegt auf dem Weg zum Findenigthörl, einem der ältesten Passübergänge nach Österreich, was auch durch das Auffinden einer Steinplatte mit venetischer Inschrift bewiesen ist. Es war die Verbindung zur keltischen, später römischen Siedlung auf der Gurina bei Dellach im Gailtal. Später war die Route von Paularo über den Kordinsattel ins Gailtal geläufig und vor allem von Schmugglern bevorzugt. Sie heißt noch heute *Sentiero dei contrabbandieri* (Schmugglerweg).

Um von Paularo zurück ins But-Tal zu gelangen, gibt es zwei Möglichkeiten, entweder über **Treppo Carnico** nach **Paluzza** oder auf demselben Weg zurück nach **Cedarchis**.

Die Straße nach **Ligusullo** und Treppo Carnico führt über die 1000 Meter hohe **Forcella di Lius** mit mehreren engen Kurven, sie hat mich von den vielen schönen Alpenstraßen in Karnien am wenigsten begeistert. An dieser Strecke liegt Ligosullo steil am Berghang, ein authentisches Dorf mit zirka 200 Einwohnern. Es scheinen aber weit weniger zu sein, wenn man durch die Straßen spaziert, außerdem machen einige Gebäude einen verlassenen Eindruck und die Geschäfte sind längst geschlossen. Treppo Carnico, idyllisch am **Torrente Pontaiba** gelegen, bietet neben einigen architektonisch interessanten Häusern eine Kunstsammlung, die Pinakothek „De Cillia", mit Bildern, Skulpturen und Zeichnungen zeitgenössischer Künstler.

Zurück im But-Tal setzen wir den Weg von Cedarchis Richtung Norden fort und fahren auf einer langen Brücke über den Fluss. Am anderen Ufer liegt **Zuglio**, der Hauptort des Canale di San Pietro (Details siehe Seite 65).

Nach der Besichtigung von Zuglio führt der Weg nach **Arta Terme**, und wie schon der Name vermuten lässt, handelt es sich um einen Ort mit heißem Wasser und Kurbetrieb. Schon die Römer schätzten dieses Wasser, das zwar stinkt, aber wohltuend wirkt und Schmerzen lindert. Heutzutage kommen vor allem Einheimische zur Behandlung hierher, im Sommer gesellen sich auch Urlaubsgäste zu ihnen. Die Gemeinde mit den zum Großteil modernen Häusern liegt eingebettet zwischen saftigen Wiesen und ausgedehnten Wäldern. Das heiße, kalziumsulfathältige Wasser sprudelt auf der gegenüberliegenden Seite des But hervor, inmitten einer modernen Thermenanlage im **Parco di Fonte Pudia**. An einem Wochenende im Mai, je nachdem, wann die Natur dazu bereit ist, wird in Arta Terme ein großes Fest zu Ehren des wilden Spargels, der Frühlingspilze und des *Radic di mont* gefeiert. Dabei zeigen kundige Führer auf kleinen Exkursionen, welche Wildkräuter in der karnischen Küche verwendet werden und wo man sie finden kann.

Hübscher als Arta Terme ist **Pino d'Arta**, etwas weiter nördlich. Als zweites wirtschaftliches Standbein neben dem Tourismus haben sich einige holzverarbeitende Betriebe etabliert. Zwei kleine Kirchen verdienen eine kurze Visite: **Santo Spirito** im Ortsteil Chiusini mit dem schönen Fresko der „Anbetung der Könige" aus dem 15. Jahrhundert und **San Nicolò degli Alzeri** am oberen Ende des Ortes, neben dem Friedhof. Diese Kirche gehörte einst zu einem Hospital des Templerordens und war

TIPP

Ristorante Hotel Salon, Via Peresson 70, Pino d'Arta, Tel. +39 0433 92003

San Nicolò degli Alzeri, Piano d'Arta

ein wichtiger Stützpunkt für Pilger, die auf der Via Allemagna und weiter über die Via al Tagliamento nach Jerusalem unterwegs waren. Vom einstigen Pilgerhospiz sind neben der Kirche noch einige Fundamente und Mauerreste vorhanden.

WANDERN

Etwas oberhalb der Kirche **San Nicolò degli Alzeri** führt nach dem großen Parkplatz der *Sentiero naturalistico* zu einem sehenswerten Naturdenkmal, das als **Campanili del Lander** bezeichnet wird. Es handelt sich um bizarre, bis zu 10 Meter hohe Türme im Felsmassiv des **Monte di Rivo**, die durch Erosion entstanden sind. Die zunächst asphaltierte kleine Straße führt an einem Bauernhof vorbei, nach ungefähr 15 Minuten zweigt nach links der Wanderweg ab, der sowohl zum Gipfel des Monte Rivo als auch zu den Felstürmen führt. Er ist auf der Karte mit der Nummer 408 bezeichnet, die im Gelände allerdings erst nach einer knappen Stunde zum ersten Mal auftaucht. Anfangs sehr steil

Felsturm im Landermassiv

und steinig, wird der Weg später bequemer und moderater im Anstieg. Nach insgesamt 1,5 Stunden zweigt man nach rechts zu den Campanili ab, die man nach weiteren etwa 20 Minuten erreicht. Von einem kleinen Plateau kann man die Aussicht auf den Gipfel und die darunterliegenden Erosionstürme genießen. Eine Laune der Natur hat diese ungewöhnlichen Formen geschaffen, nach der örtlichen Legende sind es verwunschene Wesen oder verirrte Seelen.

Zurück zur Abzweigung, wo man nach rechts zum 1575 Meter hohen Gipfel des **Monte di Rivo** weiterwandern könnte. Er bietet großartige Panoramablicke über das But-Tal und im Nordwesten in das Val Calda und auf die unter dem Gipfel liegenden Felstürme aus einer anderen Perspektive. Wer schon müde ist, kehrt zurück ins Tal. Für den „Landerweg" ohne Gipfel muss man hin und retour etwa 3,5 Stunden berechnen.

Wir folgen dem But weiter nach Norden, die Vegetation an seinen Ufern besteht hauptsächlich aus **Weiden, Weißerlen** und **Schwarzpappeln**. Nach etwa 3 Kilometern erblicken wir auf der gegenüberliegenden Talseite **Sutrio**, ein großes Dorf, das sich vom Tal bis auf den Berghang hinauf ausbreitet, beherrscht von der kolossalen Dorfkirche **San Ulderico**. Ein hallenartiges, alles andere als mystisches Gotteshaus, errichtet im venezianischen Stil. Sutrio hat, mit einigen Ausnahmen, sein ursprüngliches karnisches Antlitz bewahren können. Wintertourismus, Holzwirtschaft und Holzbearbeitung sowie Möbelerzeugung sind heute die Haupteinnahmequellen. Früher war es das Dorf der *cramârs*, der fliegenden Händler, die mit ihrem Schränkchen auf den Schultern von Dorf zu Dorf wanderten. Heute verdient Sutrio eher den Beinamen „Schnitzerdorf", denn die Straßen und Gassen im Zentrum sind flankiert von mannshohen kunstvollen Schnitzfiguren. Vor allem um das moderne Gemeindeamt stehen jede Menge Holzobjekte. Handwerksmeister **Gaudenzio Straulino** hat in 30-jähriger Schnitzarbeit das ganze Dorf in Miniaturformat rund um eine Weihnachtskrippe arrangiert. Man nennt dieses Werk, das Sutrios Architektur, Lebens- und Arbeitswelt aus vergangenen Zeiten widerspiegeln soll, **Il presepio di Teno**. Alles blinkt und leuchtet, jede Figur bewegt sich und aus dem Lautsprecher erklingen Weihnachtslieder – eine Attraktion für Kinder, dem Kitsch bedenklich nahe. Im Advent und im Sommer täglich geöffnet, andernfalls gegen Voranmeldung unter Tel. +39 0433 487779.

TIPPS

Ostarie da Alvise, via 1° Maggio, Sutrio, Tel. +39 0433 778692, gute lokale Küche und saubere Zimmer.

Wer Köstlichkeiten aus der Region einkaufen möchte, findet im Ort ein Geschäft der *Società Cooperativa Agricola* mit dem Namen „Val But", ausgestattet mit einem reichhaltigen Sortiment an Käsen, Schinken, Früchten und Obst. Öffnungszeiten: Täglich von 8.30–12.30 und von 15.30–18.30 Uhr.

Im Zentrum von Sutrio

Die karnischen Straßenhändler

Man nannte sie *cramârs*, was wohl vom deutschen *Kram* = Ware abgeleitet sein dürfte, und sie waren im 16. und 17. Jahrhundert meist zu Fuß unterwegs. Beladen mit Stoffen, Arzneimitteln und Gewürzen, die sie zuvor in Venedig gekauft hatten, um dann mit dem tragbaren Laden, dem *crassigne*, den Weg in die Berge zu suchen. Ein gefährlicher und anstrengender Beruf, vor allem im Winter, wenn die Pässe verschneit waren. Erstmals urkundlich erwähnt werden die Händler in einem Dokument aus dem Jahr 1261, in welchem vom Patriarchen von Aquileia die Abgaben festgelegt wurden, die sie zu entrichten hatten. Viele betrieben ihren Handel im Winter, um im Sommer während der Ernte zu Hause zu sein. Wer Glück hatte, erlangte eine Lizenz für einen ständigen Laden und wurde sesshaft.

Torbogen und Schnitzfiguren, Sutrio

Bleibt man auf der rechten Flussseite, so bietet sich kurz nach Sutrio bei **Cercivento** die Möglichkeit, nach links abzubiegen und über das Tal des **Torrente Gladegna**, auch Val Calda genannt, über Ravascletto nach Comeglians und somit in den **Canale di Gorto** zu gelangen. In Cercivento verweist man schon am Ortseingang, also in Cercivento di Sotto, auf mehrere palastartige Wohnobjekte, die vor allem im oberen Bereich des Dorfs zu finden sind, etwa ab der Kirche mit der herrschaftlichen **Casa parrocchiale**. Die engen und steilen Gassen, gesäumt von attraktiven venezianischen Palazzi, verleihen dem Ort einen außergewöhnlichen Charme.

WANDERN

Der Wanderweg mit der Nr. 161 entspricht der alten Römerstraße Via Iulia Augusta und führt über **Cleaulis** und Bauccis nach **Timau**.

Ein anderes Schild am Ortseingang macht auf die alte Schmiede **Fàrie dal Checo**, aus dem 15. Jahrhundert, aufmerksam. Sie ist ein privates Museum und nur selten geöffnet.

In den ausgedehnten Waldgebieten um Cercivento, Sutrio und Paluzza gedeihen vor allem **Fichten, Buchen** und **Eichen**. Vereinzelt findet man auch **Haselnussbäume** und **Kastanien**. In dem relativ breiten Becken am Zusammenfluss von **Pontaiba** und But liegt schräg gegenüber von Cercivento auf der anderen Talseite die Ortschaft **Paluzza**. Sie war immer eine wichtige Station an der Durchfahrtsstraße zum Passübergang. Land- und Forstwirtschaft spielen die Hauptrolle im Erwerbsleben der etwa 2 200 Einwohner, dazu kommen Einnahmen aus dem Tourismus, denn der nahe gelegene Monte Zoncolan ist für Wintersportler und Wanderer ein beliebtes Ziel.

Dass Karnien voll von wunderbaren sakralen Kunstschätzen ist, zeigt sich einmal mehr in der **Chiesa Santa Maria** am oberen Ortsrand von Paluzza mit dem hinreißend schönen Schnitzaltar von **Antonio Tironi**. Einen wunderschönen Ausblick auf die Stadt genießt man von einer Anhöhe im Norden, von der die Kirche **San Daniele** das Tal überblickt. Sie hat im Inneren schöne Fresken zu bieten, die im Stile Tiepolos gemalt sind. Zuvor stand auf diesem Hügel eine Burg. Sie war Teil einer Befestigungsanlage, von der heute noch, ein wenig weiter nordöstlich, der imposante **Torre Moscarda** erhalten ist. In seiner Umgebung wurde ein botanischer Lehrpfad eingerichtet, der leider nicht mehr gepflegt wird.

Wer weiter ins But-Tal vordringen möchte, das nun immer enger wird, erreicht nach einigen kleineren Siedlungen **Timau** oder Tischlwong (gesprochen *Tischlbong*), wie es in der hiesigen Sprache genannt wird, denn Timau gehört wie Sauris oder Sappada zu den deutschen Sprachinseln im Norden Friauls. Die Gegend wurde vor Jahrhunderten von Einwanderern aus dem Gailtal und vom Weißensee besiedelt, vermutlich waren es zunächst Bergknappen, die im Gebiet der **Pramosio-Alm** Blei- und Kupfererze zutage förderten.

Der römische Name der Ortschaft leitet sich vom Flussgott *Timavus* ab, dem hier ein Quellheiligtum errichtet wurde, das sich später zu einem Wallfahrtsort entwickelt hat. Tischlwang ist ein Flurname, der einen Wiesenhang bezeichnet, auf dem das Täschelkraut wächst. Die Ortschaft mit rund 400 Einwohnern erlangte im Mittelalter durch ein Silberbergwerk große Bedeutung, von dem allerdings heute nichts mehr zu sehen ist. 1729 wurde Timau durch eine Überschwemmung völlig zerstört. An der Hauptstraße überrascht heute ein riesiger Betonbau aus der Zeit kurz nach dem Zweiten Weltkrieg, es handelt sich um die Christkönigskirche **Cristo Re**, deren Innenraum von einem überdimensionalen Holzkreuz des Grödner Bildhauers **Peppi Senoner** beherrscht wird. Es gibt Berichte, wonach jene Kosa-

Römerstraße auf dem Passo di Monte Croce

ken, die in der Gegend von Verzegnis stationiert waren und denen vom Naziregime versprochen worden war, dass sie dieses Land für ihren Einsatz gegen die Partisanen zugesprochen bekommen würden, den Bau der Kirche mitfinanziert haben. Nach Kriegsende wurden sie vertrieben und kamen mit ihren Familien, mit Wagen, Pferden und dem Vieh auf dem Weg zum Plöckenpass hier vorbei. In der Vorahnung, dass ihr Traum ein schlimmes Ende haben würde, schenkten sie dem Pfarrer von Timau Geld, Gold und andere Wertgegenstände mit der Bitte, hier ein Gotteshaus zu bauen, das an russische Kirchen erinnern sollte.

An die Gräuel des Ersten Weltkriegs und die dramatischen Ereignisse an der Karnischen Front erinnern in Timau das Museum und ein Beinhaus für gefallene Soldaten. Jedes Jahr im September ziehen die Bewohner der Gegend in einer großen Wallfahrt über den Berg zur Wallfahrtskirche Maria Luggau im Lesachtal.

Ein Qualitätsprodukt der Region ist der Ziegenkäse, daher feiert man am letzten Mai-Wochenende in Timau **Sunti van gasa**, das Fest der Ziegen. Dabei wird auch ein Preis für den besten Ziegenkäse vergeben.

Wir folgen dem But, der schon zu einem kleinen Bächlein geschrumpft ist, noch ein Stück an der Staatstraße, um nach zwei Tunnels und vielen Serpentinen den **Passo di Monte Croce**, den **Plöckenpass**, in 1357 Meter Höhe und damit die Staatsgrenze zu erreichen. Dieser Übergang ins Gailtal war schon zur Römerzeit gut erschlossen, dies bestätigen mehrere Felsinschriften kurz vor der ehemaligen Zollstation. Eine davon befindet sich einige Meter vom linken Straßenrand entfernt. Sie bestätigt den Neubau der Straße nach Noricum im Jahr 373. Die Buchstaben sind verwittert und kaum noch zu lesen.

Auch venetische Schriftzeichen hat man an diesem Übergang entdeckt. Älter als diese Trasse ist die Route über das Kronhofthörl, die von Timau nordöstlich über die Berge führt, um schließlich durch den Kronhofgraben das Gailtal und die keltisch-römische Siedlung auf der Gurina zu erreichen.

WANDERN

Wer auf den Spuren der Römer die Grenze erreichen möchte, biegt kurz nach **Timau** in ein Sträßchen nach links zum *Ossario*, dem Beinhaus, ab und folgt dem **Wanderweg Nr. 161** auf der alten Römerstraße bis zum Passo di Monte Croce. Es ist ein Weg, der mit dieser Nummer schon bei **Cercivento** die Spur der alten Römer aufgenommen hat. Die Trassenführung zeigt einmal mehr, wie geschickt die römischen Straßen dem Gelände angepasst waren – und das vor beinahe 2000 Jahren.

Tour 5 TOLMEZZO–PASSO DI MONTE CROCE CARNICO

Länge: 33 km/45 Min., über Paularo 50 km/70 Min.

Streckenverlauf. Das zuerst breite Tal verengt sich nach Arta Terme, wird dann nochmals breiter bei Sutrio und Paluzza, steigt dann über Timau zum Passo di Monte Croce an. Gut ausgebaute und stark befahrene Strecke.

Stützpunkte: Zuglio, Sutrio, Paluzza, Timau

Besonderheiten: Römisches Forum mit Museum in Zuglio, die Kirche San Pietro, Wanderung zu den Felstürmen vom Lander, Sutrio (Dorf der Schnitzer), Palazzi von Cercivento und Paularo, die Sprachinsel Timau.

TOUR 6

TOLMEZZO, DAS ZENTRUM KARNIENS

Unmittelbar an der Mündung des But in den Tagliamento und zu Füßen des **Monte Strabut** liegt die Stadt Tolmezzo mit rund 10 000 Einwohnern. Durch ihre Lage als Verkehrsknotenpunkt an einer wichtigen Handelsroute nach Norden konnte sie sich zu einem bedeutenden Wirtschaftszentrum entwickeln. Die Route der *Via Iulia Augusta*, über den **Passo di Monte Croce**, den Plöckenpass, war schon vor den Römern ein wichtiger Transportweg über die Alpen. Funde beweisen, dass hier Feuerstein gehandelt wurde, ein Gestein, das glasartig splittert und in der mittleren und jüngeren Steinzeit für Pfeilspitzen und Messerklingen verwendet wurde. Zudem dokumentieren venetische Schriftzeichen und römische Inschriften am Passübergang die Bedeutung dieser Transitverbindung zwischen Oberitalien und dem süddeutschen Raum. Kein Wunder dass *Tulmetium*, wie Tolmezzo bei den Römern genannt wurde, schon vor 2000 Jahren als Siedlung bestand. Vor rund

Blick auf Tolmezzo

Webstuhl und Fogolar im Museum Tolmezzo

1000 Jahren ging Tolmezzo in den Besitz des Patriarchen von Aquileia über. **Gregorio da Montelongo** errichtete hier seine Burg und verlieh Tolmezzo 1258 das exklusive Marktrecht für ganz Karnien, wenig später, 1275, folgte auch das Stadtrecht. Die damit verbundenen Privilegien konnte Tolmezzo auch nach 1420 unter venezianischer Herrschaft weiter beanspruchen. Wirtschaftliche Bedeutung verdankte die Stadt nicht zuletzt **Jacopo Linussio**, der im 18. Jahrhundert in Tolmezzo eine Tuchfabrik begründete. Die hervorragende Qualität der hier erzeugten Stoffe war weithin bekannt, sie fanden reißenden Absatz, und das nicht nur in Karnien.

TIPP

Die Tuchfabrik Linussio ist schon seit Langem geschlossen, doch ihre Tradition wird in der Firma *Carnica Arte Tessile* weitergeführt. In Villa Santina, an der Via Nazionale, Borgo S. Antonio, kann man hochwertige Textilien, vorwiegend aus Leinen und im karnischen Design, bewundern und auch kaufen.

Produkte der Firma Linussio bekommt man unter anderem im **Karnischen Museum für Volkskunst und Kultur** im Palazzo Campeis im Stadtzentrum zu sehen. Das Haus, quasi ein Muss für jeden Tolmezzo-Besucher, liegt nicht weit entfernt vom Dom in unmittelbarer Nähe der Touristeninformation. Alles, was für das Leben und die Arbeitswelt dieser Region vom 14. bis zum 19. Jahrhundert von Bedeutung war, wird im Museum anschaulich präsentiert, wobei Exponate aus dem 18. Jahrhundert, dem Zeitalter der wirtschaftlichen und kulturellen Blüte, überwiegen. Ansprechend ist die Präsentation der traditionellen Bekleidung, die kostbaren Stoffe kann man in vielen Schrankladen in Augenschein nehmen. Kunstvolles Mobiliar der Wohn- und Schlafzimmer mit Wiegen und ausziehbaren Kinderbetten ist ebenso zu sehen wie die verschiedenen Varianten des *fogolar*, einer in dieser Gegend gebräuchlichen Feuerstelle mit Hängevorrichtungen für Kochtöpfe.

Via Roma, Tolmezzo

Eine gute Möglichkeit zu erfahren, welche Produkte und Lebensmittel in der regionalen Küche heute verwendet werden, bietet der große Bauernmarkt *Filo dei sapori* alljährlich am zweiten Wochenende im Oktober.

Der historische Stadtkern von Tolmezzo hat sich entlang der Durchzugsstraße, der **Via Roma**, entwickelt. Betritt man die Stadt durch die **Porta di Sotto** aus östlicher Richtung, kommt man zunächst an der **Kirche Santa Caterina** vorbei, mit einem Altarbild des berühmten Malers **Amalteo**. Laubengänge und liebevoll verzierte Fassaden und Häuser, die zum Teil an die 500 Jahre alt sind, flankieren den weiteren Weg. Der **Dom am Hauptplatz**, der Piazza XX Settembre, ist dem heiligen Martin geweiht. Das geräumige Innere des von **Domenico Schiavi** vor rund 250 Jahren erbauten Gotteshauses hat mehrere Altarbilder bedeutender Maler zu bieten, von **Pietro Antonio Novelli, Diziani, Fontebasso** und **Nicola Grassi**.

Tolmezzo ist die einzige Siedlung Karniens, deren Einwohnerzahl konstant bleibt und nicht wie in den meisten Ortschaften rückläufig ist. Abwanderung ist heute das größte Problem dieser Gegend, in der sich das Leben seit jeher mühevoll gestaltet. Viele karnische Familien sind in den letzten Jahrhunderten nach Wien oder

Kärnten ausgewandert, daran erinnern geläufige Namen wie Candolini, Morocutti, Feltrinelli oder Moro. So mancher verdingte sich ehemals als Arbeiter auf Großbaustellen, etwa der Eisenbahntrasse zwischen Wien und Triest. Andere zogen durchs Land und boten als Handwerker ihre Dienste an, denn als gute Maurer, Ziegelbrenner, Kesselflicker, Rechenmacher, Korbflechter oder Scherenschleifer wurden die Karnier weithin gerühmt.

Im Kärntner Volksmund entstand in jener Zeit für Italiener die Bezeichnung „Katzlmocher". Sie kommt daher, dass früher beim Hausbau mit gelöschtem Kalk gearbeitet wurde, der aus einer Grube oder einem Holzbottich geschöpft wurde. Dazu war ein spezieller Schöpflöffel erforderlich, im Slowenischen wurde er *gaza* genannt. Dieses Werkzeug stellten die italienischen Maurer mit wenigen Handgriffen jeweils dort her, wo es gebraucht wurde – so wurde aus dem „Gazamacher" der Katzlmocher.

Die Umgebung von Tolmezzo

Man sollte Tolmezzo nicht verlassen, ohne einige Kilometer nordöstlich der Stadt zum idyllisch gelegenen Örtchen **Illegio** zu fahren oder zu wandern. Ein bilderbuchartiges Szenario eines karnischen Dorfes. Am Ufer des kleinen Bachs, der mitten durch den Ort rauscht, sind mehrere alte Mühlen nacheinandergereiht. Eine von ihnen ist immer noch funktionstüchtig und wird von Landwirten der Umgebung zum Mahlen von Mais in Anspruch genommen.

Mühle in Illegio

Von Illegio führt ein steiler Fußweg von zirka 40 Minuten über schöne Almwiesen hinauf zur Kirche **San Floriano**, in 750 Meter Seehöhe, hoch über dem But-Tal gelegen (1. Etappe auf dem **Cammino delle Pievi**). Der prächtige Panoramablick lässt die Mühen des Anstiegs schnell vergessen. Auf der Bergkuppe stand bereits vor diesem Gotteshaus, das im Kern aus dem 9./10. Jahrhundert stammt, eine frühchristliche Kirche. Archäologische Grabungen stießen auf einen mit Mörtel gefestigten Boden sowie auf Holz- und Textilreste, deren Alter auf mehr als 2000 Jahre geschätzt wird. Es sind Relikte, die auf einen besonders alten Kultplatz schließen lassen. Das Innere des heutigen Kirchenbaus birgt gediegene hölzerne Relieftafeln von **Domenico da Tolmezzo**, einige der gestohlenen Figuren wurden durch Kopien ersetzt. Die Fresken aus dem 15. Jahrhundert sind sehr gut erhalten.

Südwestlich von Tolmezzo liegt der **Lago di Verzegnis**. Man erreicht ihn, wenn man vom Zentrum in Richtung **Cavazzo Carnico** fährt und sich gleich nach der Brücke über den Tagliamento nach rechts wendet. So gelangt man zunächst nach **Chiaulis**, von wo aus eine kleine Straße, die **Via Mazeit**, auf den gleichnamigen Hügel zu zwei Ausgrabungsstätten führt. Leider ist der Weg zu den kostspielig überdachten Mauerresten (zumindest bis Herbst 2016) weder ausgeschildert, noch gibt es an den Grabungsstellen irgendeinen Hinweis auf die Bauwerke. Es handelt sich um die Fundamente eines Turms und weiterer mittelalterlicher Befestigungsanlagen, in deren Bereich Belege gefunden wurden, dass dieser Hügel schon von den Kelten und Römern besiedelt war. Von Chiaulis aus kann man den kleinen Ort **Villa** erreichen, um den Park für zeitgenössische Kunst zu besuchen, man kann aber auch über **Intissans** nach **Chiaicis** und zum Lago di Verzegnis gelangen. Von der Brücke, die den schmalen See etwa in der Hälfte quert, hat man einen schönen Ausblick auf den tiefblauen See, der ringsum von Wald umgeben ist. Es war das Tal des **Torrente Ambiesta**, ehe im Jahr 1956 eine Staumauer die Landschaft unter Wasser setzte und einen künstlichen See erzeugte. Ein Staubecken, das auch mit Wasser aus dem Tagliamento gefüllt wird, das vom Kraftwerk Ampezzo hierhergeleitet wird. Schließlich führt dann eine lange Druckleitung nach Südwesten zum Kraftwerk von Somplago und von dort in den nächsten See, den **Lago di Cavazzo**.

Ausgrabungen Mazeit

Mit **Verzegnis** ist eine bemerkenswerte und zugleich tragische Geschichte verknüpft. Im Dorf Villa war von Oktober 1944 bis April 1945 ein Regiment der Kosaken stationiert. In 50 Eisenbahnzügen wurden etwa 35 000 Personen, unter ihnen viele Zivilisten, aus dem fernen Osten evakuiert und in dieser Gegend angesiedelt.

Lago di Verzegnis

Die Nazis hatten sie angeworben, um gegen Verbände der Partisanen vorzugehen, und ihnen im Gegenzug versprochen, dass Carnia zu *Kosakia*, zu ihrem Kosakenland, würde. Die Kosaken waren ostslawische Verbände, die in den freien Steppen am Don lebten und bis zum Ende des Zarenreiches im russischen Heer als kampfkräftige Reiterverbände dienten.

Von Tolmezzo sind es nur 6 Kilometer zur wichtigen Begegnung des Tagliamento mit seinem wasserreichsten Nebenfluss, der Fella. Wichtig deshalb, weil der Tagliamento unterwegs durch die Ableitungen zu den Kraftwerken einen Teil seines Volumens eingebüßt hat; Wasser, das nun durch den Lago di Cavazzo fließt und erst wesentlich später wieder in den Fluss einmündet. Durch die Fella kann der vorübergehende Verlust wieder ausgeglichen werden, sodass der Fluss

TIPP

Claudio Magris beschreibt die verworrenen Zustände dieser Zeit und hat Recherchen über das Schicksal des Atamanen, des Anführers der Kampftruppen, in der Erzählung „Mutmaßungen über einen Säbel" angestellt.

zwischen Carnia und Ospedaletto bei Gemona wieder eine ansehnliche Größe erreicht. Bei Ospedaletto wird der Tagliamento schließlich erneut zur Ader gelassen, diesmal nicht durch ein Kraftwerk, sondern einen Bewässerungskanal, der die Felder in der Ebene versorgt.

Wir verlassen Tolmezzo und nehmen die SS 52, um nach **Amaro** am Fuße des Monte Amariana zu gelangen, ein unscheinbarer Ort in schöner Lage, der schon seit der Antike besiedelt war. Einer Urkunde aus dem 14. Jahrhundert zufolge soll es hier eine Brücke oder Fähre über die Fella gegeben haben. Das erste Wirtshaus, dem wir knapp vor der Ortschaft begegnen, heißt „Al Gambero", der Name soll an die zahlreichen Flusskrebse erinnern, für die Amaro einst berühmt war. Doch ebenso wie der Glanz dieses Ristorante verblasst ist, sind auch die Krebse aus der Gegend verschwunden. Es gab sie wirklich, beteuert der Wirt, schließlich wird dies auch im Wappen von Amaro bezeugt: ein großer gelber Krebs auf weiß-blauen Wellen. Den Krebsen zur Ehre feiert Amaro alljährlich ein großes Fest. Vielleicht kommen die Krebse eines Tages wieder, Bemühungen, sie wieder einzusetzen, sind jedenfalls im Gange.

Wer enge Bergstraßen nicht scheut, kann von Amaro aus auf einer schmalen Straße mit zahlreichen Kehren ein Stück den **Monte Amariana** hinauffahren (oder hinaufwandern), um einen fantastischen Überblick über jenes riesige Schotterfeld zu bekommen, in dem die Fella in den Tagliamanto einmündet. Viele behaupten, an dieser Stelle werde der Tagliamento überhaupt erst geboren. Um das Szenario auch aus nächster Nähe zu betrachten, gibt es bei der alten Fellabrücke nordwestlich von Carnia eine Möglichkeit, mit dem Auto auf das Schotterbett zu gelangen, um sich dann zu Fuß der Einmündung zu nähern. Auf dem Weg zur Brücke verweist ein Schild auf ein Restaurant am **Lago Cison**, einem bezaubernden kleinen See, der weder von der Straße noch von der Autobahn zu sehen ist. Weniger attraktiv ist das riesige Gebäude des Restaurants, es stammt vermutlich aus den 1950er- oder 1960er-Jahren. Spazieren am See geht leider nicht, er ist umzäunt. So gehört er wohl nur den Schwänen und einigen Fischern, die hier offenbar Zutritt haben.

Wenn man im Fella-Tagliamento-Schotterfeld unterwegs ist, sollte man den Blick auf den Boden richten, einerseits um nicht unversehens nasse Füße zu bekommen, andererseits um keinen der hübschen Steine zu übersehen. Ich wäre neugierig, wie viele in Ihren Hosentaschen Platz finden (mehr dazu im Kapitel „Im Tagliamento-Fella-Schotterdreieck", Seite 110).

WANDERN

Zum idyllischen Wasserfall des Torrente **Favarinis** kommt man, indem man von **Amaro** auf der SS 52 Richtung Nordosten fährt und knapp vor dem Viadukt auf das Sträßchen nach **Campiolo** abbiegt. Bald danach, an der Brücke des Favarinis, folgt man einem Pfad zum Bachbett. Der **Wanderweg Nr. 416** führt von hier auf den **Monte Forcella** (1108 m) und weiter auf den Gipfel des **Monte Amariana** (1905 m).

Kirchenwandern am Cammino delle Pievi

Die Intention dieses Pilgerweges war es, die schönsten und interessantesten Kirchen in einem großen Rundwanderweg durch Karnien zu verbinden, um den Pilgern Naturerlebnis, spirituelle Erfahrungen und kulturhistorischen Kunstgenuss zu vermitteln. Er führt in manchen Bereichen in die totale Einsamkeit, ist streckenweise äußerst anstrengend und kann so für den gläubigen Menschen eine Art Bußgang sein. Er soll zudem Gelegenheit bieten, mit den Menschen in den Dörfern, den Hausfrauen, Arbeitern und Bauern, den Bewahrern der wunderbaren Natur Karniens, in Kontakt zu kommen. Die verschiedenen Kirchen, zu denen der Weg führt, stellen einmal mehr unter Beweis, wie sehr das Evangelium dieses Land über zwei Jahrtausende hinweg geprägt hat. Der **Cammino delle Pievi** ist ein relativ junger Weg, der, so garantiert man in der Begleitbroschüre, 2009 bzw. 2010 von Experten auf seine Sicherheit überprüft wurde.

Cammino delle Pievi

Egal, welche Etappe man auswählt, um sich auf den Weg zu machen, es gibt verlässliche Busverbindungen und mancherorts die Möglichkeit, zu übernachten. Um auf den Geschmack zu kommen, sind im Folgenden einige wenige Etappen näher beschrieben.

Etappe 1 Von Imponzo nach Illegio, 3,1 Kilometer

Direkt unter der Kirche von **Imponzo**, im sogenannten Emmaushaus, erhält man die Wanderkarte und einige Begleitinformationen. Hier beginnt auch die erste Etappe, die zur Kirche von **San Floriano** führt. Der Aufstieg durch den Wald ist einigermaßen steil, Stöcke sind zu empfehlen. Nach 40 Minuten führt der Weg aus dem Wald auf ein kleines Plateau und man steht am Fuße eines Hügels, auf dem die mächtige **Chiesa di San Floriano** thront. Es lohnt sich, an diesem außergewöhnlichen Ort ein wenig zu verweilen. Grabungen belegen, dass es sich hier um einen antiken Kultplatz handelt. Nur wenige Schritte und man ist auf dem höchsten Punkt der Wanderung, am Platz vor der Kirche, die leider zumeist geschlossen ist. Offen ist hingegen ein herrlicher Rundblick auf die Berge der Dolomiten, das But-Tal und das Dorf Illegio, das Ziel dieser Etappe. Dazu kommen die Genugtuung über den bewältigten Anstieg und die Gewissheit, an einem außergewöhnlichen Ort zu sein, der nicht mit dem Auto erreicht werden kann.

Von der Kirche weiter nach Illegio geht es zunächst lange durch einen Wald und dann, nach einer schönen Almwiese mit einem Haus und einem Trinkbrunnen, bergab, um im Graben ein Bächlein zu überqueren. Der Aufstieg danach ist, gemessen am Abstieg, etwas kürzer und man sieht nach dem Erreichen einer Hügelkuppe bereits Illegio vor sich. Vorbei am Friedhof und man ist nach 30 Minuten Wanderung schon mittendrin im Dorf der Mühlen. Im Dorfwirtshaus kann man auch übernachten. Wer Ruhe und Abgeschiedenheit zu schätzen weiß, ist gut beraten, hier abzusteigen.

TIPPS

Cjase Emmaus Imponzo, Tel. +39 0345 9130672

Ristorante – Bar Miramonti, Illegio, Tel. +39 0433 43563

Von Tolmezzo verkehren regelmäßig Busse nach Imponzo und Illegio.

Etappe 2 Von Illegio nach Tolmezzo, 6,5 Kilometer (bzw. 8,2 Kilometer)

Man verlässt den Ort auf der Straße, der man zirka 30 Minuten lang folgt, bis sie sich in einer langgedehnten Linkskurve immer mehr dem Berg nähert. Man nimmt die Abzweigung nach rechts zu einer Kapelle (Wegweiser) und folgt nun wieder den Markierungen, die wenig später zwei Möglichkeiten anbieten: einen länge-

Tagliamento bei Tolmezzo

ren Weg nach rechts, der im Wald ansteigt und um den Berg herumführt, oder den kürzeren linken Weg, der gemütlich ins Tal führt, weitgehend dem Verlauf der Straße folgt und schließlich in diese einmündet. Diese Straße ist wenig befahren und die Strecke führt schließlich nach etwa 2 Stunden auf kleineren Nebenstraßen vorbei an hübschen, idyllischen Vorstadthäusern mit Gemüsegarten und Hühnerstall mitten ins Zentrum von Tolmezzo.

Etappe 3 Von Tolmezzo nach Cesclans, 7,8 Kilometer

Vom Dom Richtung Südwesten führt der Weg am Busbahnhof vorbei, durch die **Via Garibaldi** und, immer die Richtung beibehaltend, entlang der **Via XXV Aprile** bis zur letzten Querstraße, der **Via Val di Gorto**. Man wendet sich nach links, folgt dieser Straße und weicht, sobald es sich anbietet, auf den parallel laufenden Radweg aus, denn die Straße hat zwar einen Gehsteig, ist aber stark befahren.

Kirche Madonna del Sasso

Man quert eine Straße, die nach rechts führt, geht geradeaus weiter, um dann in einer langgestreckten Rechtskurve auf einer Brücke der **Via Val d'Arzina** zuerst die Bundesstraße und gleich darauf den Tagliamento zu überqueren. Die erste Brücke ist nicht ganz ungefährlich, denn zwischen Fahrspur und Leitschiene ist eigentlich kein Platz für Fußgänger, die zweite über dem Fluss hat links und rechts einen Gehweg. Das Schlimmste ist geschafft.

Man hält sich links, biegt in einen Fußgänger-Rad-Weg unterhalb der Straße und folgt diesem, bis er die Straße überquert und gleich darauf über eine kleine Brücke führt. Kurz danach folgen wir dem Steig nach rechts, der sich alsbald teilt, wir halten uns links. Ein Schild macht uns aufmerksam, dass man mit Überflutungen rechnen muss, und wir ahnen die Nähe einer Staumauer. Der Weg steigt steil durch den Wald bergan, führt eine Zeitlang eben dem Hang entlang, um sich kurz darauf wieder zu senken und abwärts zum kleinen **Torrente Ambiesta** zu führen. Dieser kommt aus dem Staubecken des **Lago di Verzegnis**. Nachdem man sich, falls nötig, die Füße im Wasser erfrischt hat, folgt man dem Weg den Bach entlang. Der Weg schwenkt bald nach links, um wiederum anzusteigen, diesmal etwas moderater, allerdings auch bedeutend länger als beim ersten Anstieg.

TIPP

Auf dem Platz vor der Pizzeria in Cesclans ist die Busstation. Der einzige Bus, der werktags am Nachmittag zurück nach Tolmezzo fährt, hält hier um 17.20 Uhr. Wer den Bus versäumt, bekommt ein Taxi unter Tel. +39 0433 92060 oder +39 337 753742.

Ein etwas breiterer Weg mündet von links ein, kurz darauf erreicht man ein asphaltiertes Sträßchen und folgt diesem nach rechts. Abwechselnd asphaltiert und geschottert erreicht die Straße 25 Minuten später eine Kreuzung. Wir folgen der Markierung nach rechts, bei der nächsten Kreuzung 15 Minuten später wenden wir uns nach links. Wir haben den Wald hinter uns gelassen und wandern eben, am Rand einer Wiese entlang, kleine Kartoffelfelder und ein Fußballplatz folgen und schon sehen wir die ersten Häuser von **Cesclans**. Es ist kein Dorf im üblichen Sinn, es hat nichts Ländliches an sich, die Häuser sind stattlich und modern. Das einzige Wirtshaus ist Bar, Pizzeria und Ristorante zugleich (montags bzw. an Werktagen zwischen 14 und 18 Uhr geschlossen). Das Lebensmittelgeschäft hält täglich (außer sonntags) zwischen 10 und 12 Uhr geöffnet.

Noch ein kleines Stück bergan und man steht vor der **Kirche des heiligen Stefan**. Wie üblich hat sich auch die Pieve di Cesclans, so wie praktisch alle Kirchen im ländlichen Gebiet, den besten Platz in der Gegend ausgesucht, sie blickt nach Norden zum Monte Amariana, nach Osten zum Monte San Simeone und hat im Südosten den bildschönen Lago di Cavazzo vor sich. Und wie ebenfalls üblich, ist sie versperrt.

Tour 6 TOLMEZZO, DAS ZENTRUM KARNIENS

Ausflüge nach Illegio, Hügel von Mazeit, Lago di Verzegnis und Amaro

Länge: Alle Ziele sind zwischen 6 und 10 km entfernt und in kurzer Zeit erreichbar.

Sehenswertes in Tolmezzo: Dom, Zentrum, Via Roma, Karnisches Museum für Volkskunst und Kultur, Blick vom Torre Picotta

Besonderheiten: Altstadt von Tolmezzo, Stausee Lago di Verzegnis, Ausgrabung auf dem Mazeit, die Dörfer Illegio (mit San Floreano) und Amaro

TOUR 7

VON **CAVAZZO CARNICO** UM DEN **MONTE SAN SIMEONE** UND **MONTE BRANCOT**

Kommt man von Norden durch das Kanaltal an jene Stelle, wo sich Tagliamento und Fella vereinen, so hat man den mächtigen Monte San Simeone (1505 m) direkt vor sich. Er stand auch in der letzten Eiszeit wie eine Verkehrsinsel im Strom der Gletscherflüsse und hat deren Eismassen auf dem Weg nach dem Süden geteilt. Es bietet sich an, den mächtigen Gebirgsblock bestehend aus Monte San Simeone und Monte Brancot zu umrunden. Der Weg erschließt bezaubernde Ausblicke auf den Lago di Cavazzo an der rechten Flanke und auf den Tagliamento an der Ostseite des Bergs. Sowohl mit dem Auto als auch mit dem Fahrrad ist das eine lohnenswerte Tour.

Cavazzo Carnico mit Monte Amariana

Wir beginnen den Rundweg in **Cavazzo Carnico**, einem sympathischen Städtchen mit rund 1 100 Einwohnern. Blickt man nach Norden, so hat man die imposante Pyramide des **Monte Amariana** (1905 m) vor sich. Auf der Fahrt nach Südosten auf der Straße Nr. 512 Richtung **Lago di Cavazzo** bietet sich nach wenigen Kilometern rechts ein Abstecher nach **Cesclans** an, zu einem Dorf, das zur Gemeinde von Cavazzo gehört. Kurz davor thront auf einer Hügelkuppe die Kirche **Santo Stefano**. Die großartige Lage ist wohl auch der Grund, warum dieser strategisch äußerst günstige Platz schon früh besiedelt war. Möglicherweise war dies auch der Standort des römischen *Castrums Cabatium*, von dem sich der Name Cavazzo ableiten lässt. Bei Grabungen fand man Reste einer Vorgängerkirche und einer Befestigungsanlage. Alte Mauern, Freskenfragmente und diverse Funde sind in einem Antiquarium vor Ort und im Museum von Tolmezzo zu besichtigen. Die Kirche ist auch eine der Stationen auf dem Wanderweg **Cammino delle Pievi** (siehe Kapitel Kirchenwandern Etappe 3, Seite 85).

Wasserkraft aus dem Tagliamento

Auf dem Weg von Cavazzo Carnico zum Lago di Cavazzo gelangt man zum Dorf **Somplago** mit dem großen Wasserkraftwerk. Schon von Weitem sind im Westen riesige Spulen und die Stromleitungen eines Umspannwerkes zu sehen. Das Herzstück der Anlage bleibt, wie so vieles rund um die Nutzung der karnischen Flüsse, dem Auge verborgen. Es befindet sich hinter einem großen Portal, durch das ein 600 Meter langer Tunnel in das Berginnere führt. An den Tunnelwänden dokumentieren Fresken und Mosaike die Geschichte von Friaul. Der Tunnel führt dorthin, wo der 8,5 Kilometer lange Stollen aus dem höher gelegenen Stausee Ambiesta/Verzegnis in ein Becken mündet. Dieses enthält nicht nur Wasser aus dem aufgestauten Torrente Ambiesta, sondern auch aus dem Torrente Giaf, dem Torrente Viandia und dem Tagliamento. Wasser, das den Flüssen schon lange vorher abgezweigt wurde, hier in Somplago die Turbinen antreibt und anschließend in den darunterliegenden Lago di Cavazzo geleitet wird. Für den See ein massiver Eingriff, denn er hatte vor dem Bau dieses Kraftwerks in den 1950er-Jahren weder einen Zufluss noch einen Abfluss. Durch das zufließende Wasser aus dem Staubecken mit einer Temperatur von nur 10° C ist der See auch um einiges kälter geworden, was das Ökosystem sehr beeinträchtigt hat, denn nur wenige Arten können unter diesen Bedingungen leben. Ohne Bedenken hat man das beim Bau des Kraftwerks anfallende Material kurzerhand in den See geschüttet, um sich Transportkosten zu sparen. Die Sedimente und der Schlamm, die von der Stauanlage in den See gespült werden, wirken sich negativ auf das ökologische Gleichgewicht aus, dazu kommt, dass sie den See langsam, aber beständig füllen, sodass man heute davon ausgeht, dass er in etwas mehr als 100 Jahren nicht mehr vorhanden sein wird. Gegen die Pläne des Energiekonzerns SADE (Società Adriatica di Elettricità), die einen weiteren Ausbau der Anlage mit zusätzlichen Turbinen und Druckleitungen vorsehen, haben die Bewohner erfolgreich protestiert. Es ist ihnen allerdings nicht gelungen, sich gegen die Privatisierung der Stromerzeugung zu wehren und damit zu verhindern, dass die Wasserkraft der Region und damit auch des Tagliamento der Profitgier einiger weniger ausgeliefert wird, ohne dass Karnien den geringsten Vorteil davon hat.

Dass es auch anders geht, beweist seit über 100 Jahren die SECAB (Società Elettrica Cooperativa Alto But), ein kleines Unternehmen, das mit der Energie aus heimischer Wasserkraft viele Gemeinden Karniens versorgt, so etwa Sutrio, Treppo Carnico, Ravascletto und Paluzza.

In Somplago bieten sich zwei Möglichkeiten an, die Fahrt fortzusetzen: auf der breiteren Straße nach Interneppo, am östlichen Ufer des Sees, oder nach rechts zum Südufer. Die Region im Süden ist einladend und bietet einen freundlichen, schattigen Campingplatz, eine Surf- und Segelschule, Bade- und Picknickplätze sowie idyllische Spazierwege. Das weitläufige Gelände ist gefällig angelegt, man spaziert bis zum Schilfbereich, einem kleinen Naturreservat mit mehreren Brücken, von wo aus man die Fische beobachten kann, oder zu den Picknickplätzen und zum Badeufer. Etwas beeinträchtigt wird die Idylle durch die Nähe zur Autobahn, die einen zwar nicht besonders lauten, aber konstanten Lärmpegel erzeugt. Zu den Fischarten im See gehören **Karpfen, Schleie** und **Aal** sowie **Bachforelle, Regenbogenforelle** und **Flussbarsch**. Im Röhricht nisten **Stockente, Rohrdommel** und **Zwergdommel**. Auch der **Eisvogel** ist ein ständiger Bewohner, während verschiedene Entenarten den See als Raststation aufsuchen. Im Bereich der Gewässer schlängelt sich da und dort auch die gehörnte Puffotter durch das Gestrüpp.

Lago di Cavazzo

Auf schön angelegten Spazierwegen entlang des Ostufers erreicht man das Dorf **Interneppo**, etwas erhöht über dem See. Es ist, wie **Bordano** weiter östlich am Tagliamento, als Schmetterlingsort bekannt. Beide Siedlungen kamen zu diesem Beinamen, weil in dieser Gegend vor allem im Frühsommer besonders viele Arten und Exemplare dieser farbenprächtigen Insekten zu beobachten sind. Zwischen den beiden Ortschaften sind einige spezielle Schmetterlingswanderwege ausgeschildert, die meisten Wohnhäuser wurden mit Schmetterlingsmotiven bemalt.

Egal, ob man sich in Somplago für den direkten Weg zu den Schmetterlingen oder für das Westufer entscheidet, beide Straßenvarianten führen südlich von **Alesso** wieder zusammen. Kurz nach Alesso quert man einen Kanal, den Abfluss des Lago di Cavazzo, der in seinem weiteren Verlauf noch einige kleinere Zuflüsse aus den Bergen im Westen aufnimmt und sich schließlich bei Peonis mit dem Tagliamento vereint.

Das Tal wird breiter, die Straße führt am Fuße des Monte Brancot eine Weile parallel zur Autobahn, wendet sich dann nach Osten und erreicht **Trasaghis**, einen Ort mit rund 2500 Einwohnern und vielen nach dem Erdbeben neu errichteten Häusern. Danach führt die Straße nach Osten, man kommt nach **Braulins**, einer

San Michele dei Pagani, Braulins

kleinen Ortschaft mit einer Brücke über den Tagliamento. In der Nähe der Brücke besteht die Möglichkeit, von einem großen Parkplatz aus in wenigen Schritten das Ufer für einen Spaziergang oder ein erfrischendes Bad zu erreichen. An Sommerwochenenden gleicht das Ufer einem gut besuchten Strand an der Adria.

Ein Juwel, das die Erdstöße überdauert hat, ist die kleine Kirche **San Michele dei Pagani**, hoch über der Ortschaft und dem Tal an eine Felswand gelehnt. Ein Wanderweg führt von der Ortsmitte zu diesem Kultplatz, der vermutlich aus der Zeit der Langobarden stammt. Von dort hat man einen großartigen Weitblick über das breite Flussbett bis hin zu den Hügeln von Osoppo und weiter nach Buja.

Immer den Fluss entlang kommen wir Richtung Norden zum zweiten Schmetterlingsort, **Bordano**, wo sich vor allem für Kinder ein Besuch im Schmetterlingsmuseum anbietet. Dort bekommt man genaue Informationen über die verschiedenen Schmetterlingswege. Der Weg zurück an den See nach Interneppo ist von hier nur ein Katzensprung. Um den Rundweg um die beiden Berge zu beschließen, bleiben wir am Fluss und gelangen nach wenigen Kilometern weiter nördlich nach **Pioverno**, einer Ortschaft direkt gegenüber von Venzone, wohin man auf kurzem Weg über eine Brücke gelangen kann. Der Tagliamento führt hier an der Talenge zumeist viel Wasser. Von Pioverno aus vollendet man die Umrundung auf einer kleinen und engen Straße und kommt zurück nach Cavazzo Carnico. Die Straße ist zwar als Radweg ausgeschildert, ein Fahrverbotsschild habe ich jedoch nicht entdeckt und bin auch einigen Autos begegnet. Leider ist ein Blick auf das breite Mündungsdelta der Fella in den Tagliamento durch das dichte Buschwerk am Ufer so gut wie unmöglich.

WANDERN

Von Interneppo aus bieten sich die idyllischen Wanderwege entlang des Lago di Cavazzo an. Der Wanderweg 838, zum Teil auch als Schmetterlingspfad markiert, führt auf den **Monte Festa** (1065 m), ein weiterer, Nr. 837, über die **Tre Corni** (1046 m) nach Braulins ans Tagliamento-Ufer. Von Pioverno aus erreicht man den Gipfel des **Monte Simeone,** allerdings ist der Weg nur geübten Bergwanderern zu empfehlen. Weniger riskant erklimmt man den Berg von Bordano aus (Tabacco Wanderkarte 020).

Tour 7
RUNDFAHRT CAVAZZO CARNICO–MONTE SAN SIMEONE–MONTE BRANCOT

Länge: 27 km/40 Min.

Streckenverlauf: Landschaftlich attraktiv, am See, am rechten Tagliamento-Ufer, ab Pioverno wird die Straße ziemlich eng.

Stützpunkte: Trasaghis, Braulins, Bordano, Interneppo

Besonderheiten: Idyllische Spazier- und Wanderwege am Seeufer, am Tagliamento-Ufer bei Trasaghis und Braulins (im Flussbett) und über die Berge. Schmetterlingsmuseum in Bordano.

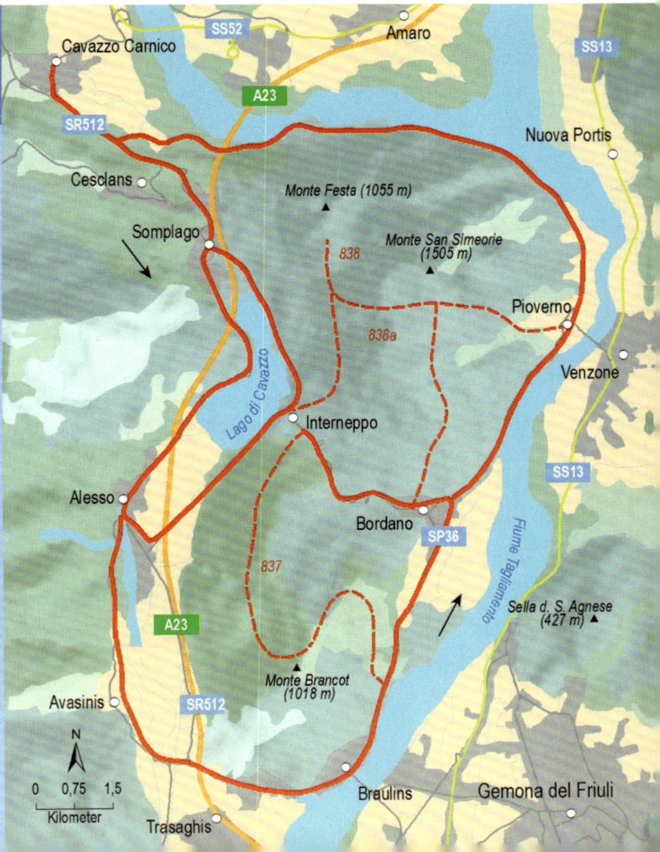

TOUR 8

DIE **FELLA** IM **VAL CANALE** UND **CANAL DEL FERRO**

Nicht weit vom Dreiländereck Österreich–Slowenien–Italien entfernt liegt an einer der wichtigsten Nord-Süd-Passagen der Alpen der Grenzort Tarvis. Hier beginnt das Kanaltal oder **Val Canale**, ein Name der sich aus dem Friulanischen ableitet, wo schlauchartige Täler als *Chianâl* oder *Cjanâl* bezeichnet werden. Das Kanaltal verläuft von Tarvisio (Tarvis) Richtung Westen bis Pontebba (Pontafel) und liegt eingebettet zwischen den Karnischen und Julischen Alpen. Es folgt der Save-Fella-Bruchlinie, einer parallel zur Periadriatischen Naht verlaufenden geologischen Störungszone. Im Lauf der Geschichte suchten das Tal immer wieder durchziehende Heerscharen heim, so wurden dessen Bewohner unfreiwillig in kriegerische Auseinandersetzungen verwickelt. Später überrollten die Blechlawinen Urlaubsreisender das Kanaltal, ist es doch für Deutsche und Österreicher neben dem Brennerpass die wichtigste Verbindung zur Adria. Die Verkehrsfrequenz steigerte sich nach Fertigstellung der Autobahn im Jahr 1986 um ein Vielfaches, die Zahl der Gütertransporte, der Lkw-Kolonnen nahm und nimmt ständig zu. Zuvor hatte der Reiseverkehr für einige Orte einen wirtschaftlichen Aufschwung gebracht, durch die Autobahn ist das Tal durch viele Brücken und Tunnels schwer gezeichnet, von Lärm und Abgasen in manchen Abschnitten extrem belastet. Dennoch sind viele Ortschaften an der Straße gepflegt und einladend, sie werden zu Unrecht auf der Durchreise links oder rechts liegen gelassen. Zahlreiche Besucher verbucht nach wie vor der Grenzort Tarvis, auch wenn der traditionelle Marktplatz durch die modernen Bauten viel von seinem Charme eingebüßt hat. Er lockt immer noch Kunden (nicht nur aus Kärnten) an und Tarvis hat sich vor allem als Wintersportort einen guten Namen gemacht.

Unser Interesse gilt jedoch verstärkt dem Ort **Camporosso in Valcanale**, 4 Kilometer westlich von Tarvis. Der unscheinbare, aber bedeutsame 816 Meter hohe Camporosso-Pass verbindet die Obere Adria mit der inneralpinen Beckenlandschaft des Drautals und dem Pannonischen Raum. Und er trennt als „Saifnitzer Wasserscheide" die Slizza (Gailitz) von der Fella. Die Slizza nimmt den **Torrente**

Bartolo und den **Rio Lussari** auf und fließt durch eine atemberaubende Schlucht in die Gail und mit der Drau ins Schwarze Meer. Die **Fella**, die an der Flanke des Monte Mirnig entspringt, erreicht durch die Täler Val Canale und Val del Ferro nach etwa 50 Kilometern den Tagliamento und mit ihm die Adria. Der Name Fella leitet sich vom slawischen Wort *bela* = weiß ab und entspricht daher der Farbe ihres schottrigen Flussbetts.

Mithräum Camporosso

In unmittelbarer Nähe der Wasserscheide hat man bei Grabungsarbeiten ein Mithras-Heiligtum entdeckt. Der Kult um den Sonnengott Mithras war im Römischen Reich seit der mittleren Kaiserzeit weit verbreitet, ausschließlich Männern vorbehalten und fand vor allem beim Militär zahlreiche Anhänger. Dies galt wohl auch für jene Soldaten, die hier in *Bilachinium*, der römischen Zollstation, ihren Dienst versahen. Funde, die dies belegen, sind Grabmonumente, Statuen, Geschirr und Münzen sowie Kultgegenstände aus dem Mithräum. Sie werden in einem kleinen Museum, dem **Antiquarium von Camporosso**, verwahrt. Es ist jeden Mittwoch und an Wochenenden zwischen 10 und 12 Uhr geöffnet. Dass ein Sarkophag aus Camporosso mit der Inschrift *Bilachiniensis* irrtümlich im Museum von Villach gelandet ist, war ein Irrtum von Villacher Geschichtsexperten, die darauf beharrten, *Bilachinium* sei der römische Name ihrer Stadt oder zumindest jener von Warmbad-Villach.

Sehenswert ist die kleine Dorothea-Kirche in der Nähe der Wasserscheide, mit schönen Fresken im Inneren. Die Hauptattraktion dieser Gegend ist allerdings die Wallfahrtskirche am **Luschariberg (Monte Lussari/Svete Višarje)**, ein Marienheiligtum, das von Slowenen, Italienern und Kärntnern gleichermaßen verehrt wird. Man kann den Wallfahrtsort in knapp 3 Stunden von Camporosso auf dem Pilgerpfad erklimmen oder bequemer und schneller mit der modernen Gondelbahn zur Muttergottes pilgern. Im Winter geht es zumeist auf Skiern wieder bergab, denn der „Heilige Berg" ist zugleich ein beliebtes Wintersportgebiet.

Interessant finde ich, dass der Name *Camporosso* wohl kaum auf ein rotes Feld hindeutet, sondern vielmehr auf ein „Krötenfeld". Dieser Ort war ursprünglich eine slowenische Siedlung mit dem Namen Žabnice (slow. *žaba* = Frosch) und im Italienischen könnte das „campo rosso" vielleicht ein „campo rospo" gewesen sein (ital. *rospo* = Kröte).

Wir folgen der Fella Richtung Westen, wo sich alsbald nach Süden das Saisera-Tal öffnet und die Fella durch den **Torrente Saisera** Unterstützung bekommt. Nahe dem Zusammenfluss liegt die Ortschaft **Valbruna** und wie für Camporosso oder Tarvis spielt auch für diesen Ort der Wintertourismus eine wichtige Rolle. Der Wanderweg Nr. 612 führt auf den Luschariberg, er ist etwas kürzer als jener von Camporosso, aber entsprechend steiler.

Die Gegend um Tarvis und Ugovizza ist nicht zuletzt erdgeschichtlich von großem Interesse, da hier mit den Uqua-Schichten (benannt nach Ugovizza) die ältesten Gesteine der Südalpen zutage treten. Insgesamt ist die Fahrt von der Grenze ans Meer geologisch betrachtet eine Zeitreise von der Epoche vor 400 Millionen Jahren (Ugovizza) bis in die Gegenwart (Adriastrand).

TIPPS

Produkte der Kooperative Kanaltaler Bauern bietet ein Laden an der Durchzugsstraße an, neben Polentagrieß, Backwaren, eingelegtem Gemüse und Kräutern gibt es vor allem verschiedene Käsesorten: Montasio, Ugovizzella (mit Peperoncini), Latteria, Caciotta mit Kräutern, Ricotta und als typisch regionales Produkt den Frant, genauer den Carnia Frantumato (Formadi Frant). Um ihn herzustellen, werden Bruchstücke verschiedener Käsesorten nochmals verarbeitet.

Die *Trattoria da Lucia* im alten Bahnhof von Ugovizza hält sich nicht an die in Italien üblichen Essenszeiten und bietet tagsüber ohne Speisekarte und in freundlicher Atmosphäre einfache, jedoch köstliche Gerichte an. Im Sommer finden sich hier die meisten Gäste mit dem Fahrrad ein, auf dem Radweg auf der alten Bahntrasse (Ciclovia Alpe Adria), Tel. +39 333 8194950.

Kirche in Ugovizza

Ugovizza, eine der ältesten Siedlungen der Talschaft, war, wie schon der Name verrät, ursprünglich ein slawisches Dorf. Auch andere slawische Orts- und Flurnamen stammen aus der Zeit, in der sich die Slawen hier niederließen. Erst Anfang des 13. Jahrhunderts entstanden mit dem Ausbau der Straße mehrere Dörfer im Tal und es entwickelten sich neben dem Bergbau verschiedene Gewerbebetriebe.

Im Jahr 2003 wurde die kleine Ortschaft durch einen gewaltigen Erdrutsch infolge andauernder Regenfälle schwer beschädigt. Der mächtige Kirchturm von Ugovizza wurde dabei weggerissen, er war zuvor mit einer Zwiebelkuppel gekrönt, wie es auch in Slowenien und in Österreich üblich ist.

Kurz nach Ugovizza Richtung Westen überragen den Bergrücken über einem Tunnel halb verfallene Mauern einer rund 200 Jahre alten Festung. Das Denkmal, eine Marmorpyramide mit einem bronzenen Löwen an der rechten Straßenseite gleich nach dem Tunnel, steht mit der Burg in Zusammenhang. Es erinnert an den heldenmütigen Hauptmann Hensel, der im Jahr 1809 an dieser Stelle versucht hat, die Übermacht der französischen Truppen, die Richtung Norden vorrückten, zu stoppen. Vergeblich, wie wir wissen, doch durch den Zeitverlust konnte das französische Korps nicht mehr rechtzeitig in die Schlacht bei Aspern eingreifen, was wesentlich zum Sieg Erzherzog Karls beigetragen hat. Kein Wunder, dass man diesen Ort auch als „österreichische Thermophylen“ bezeichnet.

Malborghetto

Man kann das Kanaltal durchaus als „altösterreichischen Boden" ansehen, als Teil des Herzogtums Kärnten (seit 976) wurde es durch Heinrich II. zusammen mit Villach dem Bistum Bamberg übertragen. Erst mehr als 700 Jahre später, im Jahr 1759, hat Maria Theresia den Bambergern das Kanaltal um eine Million Silbergulden abgekauft. Bis zum Ende des Ersten Weltkriegs verblieb das Tal bei Österreich, danach wurde es im Vertrag von Saint-Germain Italien zugesprochen. Im Jahr 1939, nach einem verhängnisvollen Pakt zwischen Hitler und Mussolini, wurden die Bewohner vor die Wahl gestellt (die sogenannte Option), sich der italienischen Kultur und Rechtsprechung zu beugen oder auszuwandern. Bis dahin hatten hier vorwiegend Slowenen und Kärntner gelebt, wenige Friulaner und kaum Italiener. 90 Prozent der deutschsprachigen Bewohner haben daraufhin das Tal verlassen. Die Landwirte unter ihnen erhielten in Kärnten jene Bauernhöfe zugewiesen, aus denen zuvor Kärntner Slowenen von den Nazis vertrieben wurden. Einem Großteil der Menschen wurden Wohnungen in den „Kanaltaler Siedlungen", die man in mehreren Städten errichtet hat, zugeteilt. Ein trauriges Kapitel Kärntner und Kanaltaler Geschichte.

Auch **Malborghetto**, die nächste Ortschaft an der Fella Richtung Westen, hatte vormals bessere Zeiten erlebt, sie hieß früher auch „Buonborghetto". Die negative Umbenennung rührt daher, dass diesem Ort in den Auseinandersetzungen mit Venedig und im Lauf der Franzosenkriege übel mitgespielt wurde. Malborghetto war zuvor ein blühendes Städtchen, reich geworden durch den Handel mit Holz und vor allem durch seine eisenverarbeitenden Betriebe. Auch das Handwerk und der Gütertransport mit Fuhrwerken hatten hier goldenen Boden, denn das Kanaltal war ein wichtiger Handelsweg und die Eisenbahn noch nicht gebaut. Aus dieser Zeit stammt der prächtige Palazzo Veneziano, in dem heute ein volkskundliches Museum Menschen einlädt, die sich für Geologie, Paläontologie und Bergbau interessieren oder einfach nur das eindrucksvolle Gebäude von innen besichtigen wollen. Er dient auch als würdiger Rahmen für erlesene Veranstaltungen. Man findet außer diesem Palazzo noch weitere interessante Objekte in der Ortschaft, die insgesamt einen gepflegten und sympathischen Eindruck erweckt.

TIPPS Malborghetto

Bar und Albergo Valcanale, geführt von drei Schwestern, Tel. +39 0428 60063

Casa Oberrichter, Restaurant, Hotel, Kunsthandwerk mit einzigartigem Charme, Tel. +39 0428 41888

Kostbare Schnitzaltäre birgt die **Kirche San Gottardo** des Dörfchens etwas weiter westlich, **Bagni di Lusnizza**, das seinen Gästen einst Badevergnügen im schwefelhaltigen Wasser geboten hat. Bis zum Beginn des Ersten Weltkriegs kamen Kurgäste aus allen Teilen Europas. Zur Behandlung von Haut- und Atemwegserkrankungen war diese Schwefel-Sulfat-Karbonat-Quelle seit Jahrhunderten bekannt gewesen. Mit der Autobahn ist hier Ruhe, aber auch ein wenig Tristesse eingekehrt. Dennoch ist der Ort freundlich und sauber, wer eine Kost- bzw. Duftprobe von dem Heilwasser zu sich nehmen möchte – in einem kleinen Park am oberen Ortsrand befindet sich ein Pavillon mit Verkostungsmöglichkeit. Nur so viel: Es schmeckt etwas besser, als es riecht.

TIPP

Trattoria all Orso, Bagni di Lusnizza, gemütliches Wirtshaus mit Zimmern, Tel. +39 0428 60087

Kurz nach Bagni di Lusnizza erreichen wir **Pontebba/Pontafel**, den ehemaligen Grenzort zwischen Italien und Österreich. Bis zum Flüsschen Pontebbana, das hier in die Fella mündet, reichten das Herzogtum Kärnten und die Habsburgermonarchie über viele Jahrhunderte. Die Trennung zwischen Kaiserreich und Venetien wird noch heute an der Brücke über den Grenzfluss deutlich, wo Markuslöwen in allen

Ausführungen prangen und keinen Zweifel daran lassen, dass hier das Kaiserreich zu Ende war. Der Grenzort selbst war zweigeteilt: dem kärntnerischen Pontafel, zugehörig zum Bezirk Villach, stand auf der anderen Seite des Flusses das italienische Pontebba gegenüber, das zur Provinz Udine gehörte. Pontafel wurde nach 1918 in Pontebba Nuova umgetauft.

Grenzstein in Pontebba

An die Zeiten des Wohlstandes erinnert noch so manches Gebäude der Stadt. Es gab bis vor dem Ersten Weltkrieg ein Theater, mehrere Hotels, einen imposanten Bahnhof und stattliche Häuser, wie etwa in der Via Roma die **Casa Mocossi** oder die **Villa von Gasparo Rizzi**, einem Seidenproduzenten. Ein wuchtiges imperiales Gebäude ist der **Palazzo Municipale** mit dem Triforium im ersten Stock. An der Fassade macht ein Markuslöwe klar, wer hier das Sagen hatte. Ein kurzer Blick in das eindrucksvolle Treppenhaus ist allemal lohnenswert.

Weithin berühmt ist der spätgotische Flügelaltar der **Pfarrkirche Santa Maria Maggiore**, er stammt aus der Villacher Schule und trägt die Jahreszahl 1517.

Von Pontebba aus erreicht man Richtung Norden den **Passo Pramollo** bzw. das **Nassfeld**, wo bereits vor 8000 Jahren steinzeitliche Jäger einen saisonalen Rastplatz eingerichtet haben. Richtung Westen gelangt man ins **Val Aupa** und nach Moggio Udinese. Wir folgen der Fella Richtung Süden und wechseln vom Val Canale in das Eisental, den Canal del Ferro.

Canal del Ferro

Der Name bezieht sich auf den Handel mit Eisen, denn der wichtige Rohstoff wurde schon zur Zeit der Römer von den Lagerstätten in Kärnten über diese Route nach Süden, zum Adriahafen von Aquileia, befördert. Nach Pontebba verengt sich das Tal der Fella zunehmend, die Flanken der Berge rücken näher, sie sind schroff, steil und hoch. Abwechselnd begleiten uns Wälder, in denen **Schwarzkiefer** und **Rotbuche** dominieren, Letztere reicht hier fast bis zur Waldgrenze. Die nächste Ortschaft, die wir erreichen, ist **Dogna**, wo das gleichnamige Tal nach links abzweigt. Ein Tal mit zum Teil verlassenen Dörfern, aber auch kleinen Siedlungen, in denen man die ältesten Häuser dieser Gegend findet, und einer auffallend auf-

Kirchturm von Dogna

wendig, mit vielen Kehren, Brücken und Tunnels ausgebauten ehemaligen Militärstraße. Bizarr sind die zahlreichen Brücken rund um Dogna und vor allem die Umfahrungsstraße, die, auf Stelzen gebaut, gar nicht weit vom Kirchturm entfernt quasi über die Häuser hinwegführt. Als vor Jahrhunderten die Waren bzw. das Holz noch auf der Fella transportiert wurden, zeigten sich die Bewohner von Dogna besonders geschickt im Bau von Flößen. Dogna, die kleinste Siedlung im Canal del Ferro, wurde im Ersten und Zweiten Weltkrieg durch schwere Geschütze und Bombardements verwüstet, sie ist der Ausgangspunkt für anspruchsvolle Aufstiege auf den **Jôf di Montasio** und den **Monte Cimone.**

Chiusaforte

Im Bereich dieser Gemeinde verengt sich das Tal derart, dass man den Durchgang sehr einfach blockieren kann, was bereits die Römer veranlasst hat, hier in *Larix* eine Sperre zu errichten. Später erhielt der Patriarch von Aquileia von Kaiser Otto III. das Recht, die Ortschaft zu befestigen, die auch nach dem Ende der Patriarchen-Herrschaft ihre militärische Bedeutung behielt, vor allem in den Kämpfen zwischen Venedig und den Habsburgern. Von der Burg des Patriarchen, die hoch über der Fella das Tal beherrschte und den Transitverkehr kontrollierte, ist nicht mehr viel zu sehen. Auch ein Pilgerhospital soll es hier gegeben haben, das vom Patriarchen Ulrich von Eppenstein gegründet wurde.

Die alte, aufgelassene Bahnstrecke läuft heute als Radweg durch den Ort, der auf diese Art eine sanfte Wiederbelebung erfährt. Der alte Bahnhof bietet wieder ein buntes, lebendiges Bild, denn er hat sich als Stützpunkt des „Ciclovia Alpe Adria", des Alpen-Adria-Radweges zwischen Salzburg und Grado, gemausert, hier kann man sich stärken, einkaufen und ausruhen. Auf einer kleinen Anhöhe thront die neoklassizistische Pfarrkirche **San Bartolomeo**, sie hat einige Gemälde aus der venezianischen Schule zu bieten. Zu den schönen Bauobjekten gehören neben dem alten **Herrenhaus Fontebasso** noch verschiedene Häuser in **Raccolana**, gegenüber von Chiusaforte, am Eingang des gleichnamigen Tals. Besonders zu empfehlen ist ein Abstecher nach **Patoc**, Richtung Sella Nevea.

ehemaliger Bahnhof von Chiusaforte

Das Tal wendet sich bei Chiusaforte wieder nach Westen, die weiten Schotterfelder der Fella zeigen in diesem Abschnitt große Ähnlichkeit mit dem Tagliamento. Auch die Vegetation ändert sich, die **Schwarzkiefer** bleibt zwar dominant, jedoch begegnet man **Hopfenbuchen** und **Manna-Eschen** immer häufiger, **Fichten** dagegen nur mehr selten. Nach **Casasola** und **Villanova**, Ortsteile von Chiusaforte, wird es wieder enger. Kurz bevor die SS 13 die Fella überquert bietet sich die Möglichkeit, auf der rechten Flussseite zu bleiben und über die kleinen Orte Roveredo und Ovedasso Moggio Udinese zu erreichen. Es ist allerdings eine enge und kurvenreiche Strecke, mit ärmlichen Dörfern, da und dort jedoch wirklich schönen Ausblicken auf das Fella-Tal.

WANDERN

Ein Rundwanderweg führt von **Raccolana** nach **Patoc**, der Ortschaft mit den hübschen alten Häusern in idyllischer Umgebung. Wanderwege Nr. 620 und Nr. 644 (insgesamt ca. 5 Stunden).

Auf der linken Seite der Fella erreichen wir **Resiutta**, das Tor zum Resia-Tal und zum Naturpark Julische Voralpen (siehe Tour 9 „Durch den Nationalpark Julische Voralpen"). Durch seine isolierte Lage ist auch das Resia-Tal zu einer Sprachinsel geworden, in der sich eine slowenische Mundart gemischt mit italienischen Elementen erhalten hat. Allerdings gibt es

Moggio Udinese

in den zwölf Ortschaften des Tals nur mehr an die 500 Personen, die Resianisch beherrschen.

Auch in Resiutta war eine römische Station, mit der Möglichkeit zur Rast vor dem beschwerlichen Weg nach Noricum. Mehr noch als an die Römer erinnert **Resiutta** an jene Zeit, als die Kolonne der Urlauber oder Einkaufstouristen auf dem Weg nach Udine hier haltgemacht hat, um ein Grillhuhn zu verspeisen oder einzukaufen. *Pollo allo spiedo* gibt es immer noch und findet nach wie vor Zuspruch, zu „shoppen", wie man heute sagen würde, gibt es nicht mehr viel. Sehenswert ist ein Souvenirladen am Beginn der Ortschaft rechts an der Hauptstraße. Hier erhält man die kitschigsten Statuen für den Garten, der Verkaufsraum in der Baracke ist vollgestopft mit einem Sammelsurium schrulliger Artikel.

Moggio Udinese liegt weithin sichtbar auf einem Hügel an der Mündung der Aupa in die Fella. Die Abteikirche und das Kloster von Moggio alto sind auch von der Autobahn aus von Weitem zu sehen. Die einst bedeutende **Benediktinerabtei San Gallo**, die im Mittelalter über ausgedehnte Ländereien verfügte und deren geistliche und weltliche Macht bis nach Kärnten reichte, wurde durch das große Erdbeben 1976 in Mitleidenschaft gezogen. In der neubarocken Abteikirche ertönt eine der größten Or-

WANDERN

Der Parkplatz vor dem Kloster in Moggio Udinese Alto bietet wunderbare Ausblicke auf das Fella-Tal in Richtung Süden. Hier lässt man sein Auto stehen, um auf den **Monticello** zu wandern (ca. 6 Stunden hin und zurück) oder die empfehlenswerte Rundtour über **Moggessa di Là, Moggessa di Qua** und **Stavoli** zu genießen (ca. 6 Stunden).

TIPPS Moggio Udinese

Die *Locanda San Gallo* bietet einfache Zimmer, gute Küche und einen schönen Gastgarten, Tel. +39 0433 550318.

Osteria Agli Artisti, Denis Fillaferro (www.osteriaagliartisti.it)

Günstig und gemütlich, mit Fogolar, ist das *Leon Bianco*, man serviert hier einfache, traditionelle Gerichte, Tel. +43 0433 51114.

geln Friauls, die im Einklang mit einem riesigen Kronleuchter steht, als kostbarstes Stück gilt jedoch das Holzkreuz aus dem Jahr 1466. Von der gotischen Kirche auf dem **Colle Santo Spirito** oberhalb des Klosters steht nur mehr eine Ruine. Aus der Benediktinerabtei wurde mittlerweile ein Kloster der Klarissinnen, das nicht zu besichtigen ist. Auch das eigentliche Zentrum, Moggio basso, war stark vom Beben betroffen, dementsprechend verändert hat sich auch das Antlitz dieser 1 700 Einwohner zählenden Gemeinde.

Tour 8 TARVISIO–CARNIA

Länge: 53 km/ca. 1 Stunde

Streckenverlauf: Schöne Straße durch das teils enge Fella-Tal, Blick auf Karnische und Julische Alpen

Stützpunkte: Ugovizza, Malborghetto, Bagni di Lusnizza, Pontebba, Chiusaforte, Resiutta

Besonderheiten: In Vergessenheit geratene schöne und saubere Dörfer mit netten Trattorien. Historisch interessant das Mithräum von Camporosso, Fort Hensel, der ehemalige Grenzort Pontebba/Pontafel. Schöne Wanderungen bei Moggio Udinese.

TOUR 9

DURCH DEN **NATIONALPARK JULISCHE VORALPEN**

Der Parco Naturale Delle Prealpi Giulie erstreckt sich über knapp 100 Quadratkilometer, umfasst die Gemeinden **Chiusaforte, Lusevera, Moggio Udinese, Resia, Resiutta** und **Venzone**. Er schließt neben dem **Resia-Tal** auch die Bergkette des **Monte Plauris**, den **Monte Musi** und das **Kanin**-Massiv mit ein. Er ist ein Natur- und Kulturreservat, das neben zahlreichen Tier- und Pflanzenarten auch die Kultur einer ethnischen Minderheit zu erhalten hilft: jene der Einwohner der Gemeinde Resia mit ihrer Musik, ihrem Tanz und ihrer Sprache. Resianisch ist eine slowenische Mundart, die sich in der Abgeschiedenheit dieser Bergwelt erhalten hat und zu einer Mikroliteratursprache geworden ist. Die Resianer sind Nachkommen slawischer Siedler, die im 8. Jahrhundert vom Norden her eingewandert sind. Eine einheitliche resianische Schriftsprache gibt es erst seit etwa 25 Jahren, sie wird den Kindern in der Grundschule beigebracht. Eine Kuriosität für sich ist das eigenwillige Zahlensystem, das in Zwanziger-Schritten rechnet. So heißt die Zahl 60 im Resianischen: *trïkrat dwisti* (3 x 20), 70 ist *štrïkrat dwisti nu dësat* (3 x 20 + 10), 80 ist *štirikrat dwisti* (4 x 20) und 90 ist *tirikrat dwisti nu dësat* (4 x 20 + 10). Ein Modus, der an die französischen Zahlen erinnert.

WANDERN

Im Naturparkzentrum kann man sich über Wandermöglichkeiten und geführte Exkursionen erkundigen. Im Sommer ist eine Tour auf die **Malga Coot** (Coot-Alm) empfehlenswert, dort oben schmeckt der Frico mit Polenta noch besser als im Tal. Um das Resia-Tal zu erforschen, hat man beim *Lipa pot* (resianisch, der „schöne Weg") die Wahl zwischen einem kürzeren (5 km) oder einem längeren Rundweg (10 km). Beide sind ohne nennenswerte Höhenunterschiede und Ansprüche zu Fuß oder mit dem Mountainbike zu bewältigen(www.prealpigiulie.it).

Einen Überblick über den Artenreichtum und die Besonderheiten des Naturparks vermittelt ein modernes Besucherzentrum in **Prato di Resia**. Die Pflanzenwelt ist aufgrund des milden, aber regenreichen Klimas besonders vielfältig, man zählt hier an die 40 endemischen Gewächse und Blumen. Neben **Gämsen, Steinböcken, Hirschen** und **Rehen** trifft man in den Wäldern auch auf **Braunbären** und **Luchse**.

Auf dem Weg nach **Prato di Resia** passiert man **San Giorgio**, einen der vier Hauptorte des Tales, auf einer natürlichen Terrasse in mittlerer Höhe über der Resia gelegen. Hier erhält man einen ersten Überblick über das Gelände und die einfachen Lebensverhältnisse seiner Bewohner. Gegenüber der Kirche in der gemütlichen „Osteria alla speranza" ist der Dorftreffpunkt, ein hoffnungsfroher Lichtblick, was die Küche betrifft.

Unbedingt sehenswert ist **Stolvizza** im hintersten Winkel des Resia-Tals oder, besser gesagt, am Rande dieses großen Kessels, der von hohen Bergen umschlossen ist. Angelehnt an den steilen Hang türmen sich im Zentrum die Häuser gewissermaßen übereinander. Alle haben zwei oder drei Stockwerke und Holzbalkone, die von außen über Stiegen oder Leitern zugänglich sind. Es ist das Dorf der *arrotini*, der Scherenschleifer. Darauf verweist schon das Denkmal am Ortseingang, eben ein Scherenschleifer, der auf seinem Fahrrad sitzt. Mehr über die Dienstleistung dieser „Scharfmacher" und warum gerade die Männer aus Stolvizza darin so talentiert und allerorts berühmt waren, weiß man nach dem Besuch des Scherenschleifermuseums. Einmal im Jahr treffen sich die in alle Welt verstreuten Schleifer bzw. deren Nachkommen bei einem großen Dorffest. In einem renovierten Haus direkt neben der Kirche ist seit Kurzem ein modernes Volkskundemuseum untergebracht, multimedial und mit einer Reihe interessanter Ausstellungsstücke.

Rosarote Schwarzwurzel

TIPP

Das *Museo degli Arrotini*, das Scherenschleifermuseum, ist in den Sommermonaten an Wochenenden von 10 bis 12 und von 14 bis 18 Uhr geöffnet.

Der Naturpark Julische Voralpen erhielt im Jahr 2016 vom Europaparlament gemeinsam mit dem Triglav Nationalpark in Slowenien eine hohe Auszeichnung für sein nachhaltiges Tourismuskonzept.

Riserva Naturale Val Alba

Paradieslilie

Das Naturreservat des Alba-Tales liegt in den Bergen zwischen Val Aupa und dem Canal del Ferro und umfasst ein schwer zugängliches Gebiet von 3000 Hektar. Am besten kommt man über Pradis im Val Aupa in dieses unberührte Schutzgebiet, dessen höchste Erhebungen an der Ostgrenze der **Monte Chiavals** (2098 m) und der **Monte Zuc dal Bor** (2195 m) sind. Der höchste Berg innerhalb des Reservats, in dem es keine Siedlungen gibt, ist der **Monte Crostis** (1898 m). Dieses einmalig schöne Naturreservat um Val Alba wurde im Jahr 2006 mithilfe von Förderungen der Europäischen Union eingerichtet. Schroffe Bergrücken, klare Wildbäche und Wasserfälle zeichnen diese Gegend aus, die vom Rio Alba und vom Rio Simon durchflossen wird. **Manna-Eschen, Hainbuchen** und **Schwarzkiefern** kommen hier am häufigsten vor. Zu den Kostbarkeiten der Flora zählen der weiße **Platanenblättrige Hahnenfuß,** der **Julische Alpenmohn** und die **Pardieslilien**.

Außergewöhnlich schön und für die Gegend charakteristisch ist das kleine Bergdorf **Dordolla** im Aupa-Tal. Am Parkplatz vor der Kirche und der einzigen Bar im Dorf muss man sein Fahrzeug abstellen, denn die Gassen Dordollas sind zu schmal für jedes Gefährt. Das rührt daher, dass man seinerzeit die Häuser so eng wie möglich aneinandergebaut hat, um nicht kostbares Acker- und Weideland zu vergeuden. Die Bar verfügt auch über einen kleinen Lebensmittelladen, auf Vorbestellung bekommt man sogar eine gute Mahlzeit.

Nicht nur in Dordolla stellt die Abwanderung ein enormes Problem dar, ein Großteil der Häuser im friulanischen Berggebiet wird nur mehr als Feriendomizil genutzt, was zur Folge hat, dass weite Flächen der Kulturlandschaft immer mehr verwildern. Diese Problematik betrifft nicht allein Italien, man schätzt, dass in Europa die Fläche der verlassenen Gegenden bis zum Jahr 2030 etwa die Größe von Polen

TIPP

Agriturismo Tiere Viere (friulanisch, alte Erde) mit köstlichen Gerichten der Region und ca. 20 Betten, Drentus, Tel. +39 0433 51063 (kaspar@tiere-viere.net). Kaspar Nikles organisiert als Naturführer Wanderungen in den benachbarten Tälern (inkl. Naturpark Julische Voralpen und Naturreservat Val Alba).

erreicht haben wird. Dass es gerade in Dordolla wieder ein wenig Hoffnung gibt und auch jüngere Leute Interesse für das Leben in dieser Abgeschiedenheit zeigen, hat die Gemeinde einem Zuwanderer aus Kärnten zu verdanken, Kaspar Nikles. Er hat hier eingeheiratet und betreibt mit seiner Frau Marina Tolazzi eine biologische Landwirtschaft und bietet ganzjährig „Urlaub am Bauernhof" an.

Im Tagliamento-Fella-Schotterdreieck

Weiter Richtung Süden erreicht man auf der SS 13 bei **Carnia** drei nebeneinanderliegende Brücken, die alte, eine neue und die Eisenbahnbrücke. Von der schmäleren alten Brücke hat man die Möglichkeit, sowohl ans rechte als auch ans linke Ufer der Fella abzubiegen, das Auto abzustellen und zu Fuß die beeindruckende Schotterwüste im Mündungsdreieck des Tagliamento zu erkunden.

Fella bei Moggio Udinese

Das Aupa-Tal

Es ist günstiger, an der rechten Seite zu beginnen, man kommt hier näher an jene Stelle heran, an der die beiden Flüsse sich vereinen. Es ist eine einmalige Perspektive – das Kiesbett, das Wasser, die grünen Laubgehölze an den Ufern und die Berge im Hintergrund, eine Urlandschaft so weit das Auge reicht. Seit Jahrhunderten hat sich an der gewaltigen, archaischen Kulisse zwischen dem **Monte San Simeone** und den Ausläufern des **Monte Plauris** nichts verändert. Eine Wüstenlandschaft, in der die blauen Streifen der beiden Flüsse, die Hauptarme und die sie begleitenden Rinnsale und kleinen Bäche wie pulsierende Adern aus dem dichten Schotterfeld hervortreten und sich in der Ebene verlieren. Man möchte sofort seine Schuhe ausziehen und durch das seichte Wasser waten, dort, wo es langsamer fließt und vielleicht eine Spur wärmer ist. Die Fella ist hier am Beginn der Ebene etwas behäbiger geworden. Das ist nicht immer so, etwa nach Regenfällen oder während der Schneeschmelze, immerhin hat die Fella im Lauf der Zeit „König" Tagliamento an den Rand geschoben und sein Flussbett an den Abhang des Monte Simeone gedrängt.

Der Spaziergang im Mündungsdelta ist nicht nur eine Augenweide, sondern auch ein ergiebiger Fundort für Steinesammler, findet man doch hier praktisch alles, was die farbenreiche geologische Vielfalt der Karnischen Alpen zu bieten hat: **Flysch,**

Ignimbrit

Kalk, Granite, Gneise, kristalline Schiefer, von allem ein bisschen und bunt gemischt. Vom Ordovicium bis zur Kreidezeit eine Zeitreise im Schotterbett zweier Flüsse. Bei einer fachkundlichen Führung durch Helmut Zwander (Biologieprofessor und Präsident des Naturwissenschaftlichen Vereins für Kärnten) hat sich mir diese zauberhafte Vielfalt wie ein Kaleidoskop offenbart. Ein handtellergroßer **Ignimbrit**, ein schwerer, dunkler Brocken eines Vulkangesteins mit rötlich und grün schillernden Einsprengseln, erinnert mich an diese Spritztour ins Reich der Steine.

Tour 9 RESIUTTA–STOLVIZZA oder RESIUTTA–DORDOLLA

Länge: Jeweils 13 km/ca. 20 Min.

Streckenverlauf: Nach Stolvizza nicht sehr breite, aber bequeme Straße mit anfangs steilen Passagen, ab San Giorgio schöne Ausblicke auf das Resia-Tal. Nach Dordolla gut ausgebaute Straße über Moggio Udinese, entlang des Torrente Aupa im engen Tal nach Norden.

Stützpunkte: San Giorgio, Prato di Resia, Stolvizza bzw. Moggio Udinese, Dordolla

Besonderheiten: Abgeschiedene Bergdörfer mit interessanten Wohnhäusern (Dordolla, Stolvizza), Scherenschleifermuseum, mehrere Wandermöglichkeiten

TOUR 10

VON **VENZONE** NACH **SAN DANIELE AL TAGLIAMENTO**

Wenn man das Mündungsdelta der Fella – gut bestückt mit schönen Steinen aus dem Flussbett – verlässt, muss man, um nach Venzone zu gelangen, zunächst über die Fellabrücke zur kleinen Ortschaft **Carnia**. Anders, als es der Name vermuten lässt, ist es eine sehr junge, wenn nicht die jüngste Siedlung dieser Gegend und existiert erst seit dem Bau der Eisenbahn. Früher war auch der Name „Stazione per la Carnia" für diesen Ort geläufig. Wir folgen dem Tagliamento und erreichen **Portis** und **Portis Vecchio**, beide Ortschaften wurden beim Erdbeben im Jahr 1976 vollkommen zerstört. Zum Unterschied von Portis wurde Portis Vecchio – ein Hafen, der dem Holz- und Warentransport auf dem Tagliamento gedient hatte – nicht mehr aufgebaut. Es ist ein gespenstischer kleiner Ort am Fluss, der noch heute teilweise in Trümmern liegt, die meisten der Häuser stehen leer.

Der Tagliamento wird hier durch die Berge etwas eingeengt und hat nach dem Bogen um den Monte Simeone seinen Kurs geändert, nun geht es geradewegs nach Süden. Zu seiner Linken taucht eine der schönsten Städte Friauls auf.

Venzone

Man nannte sie „Chiave del Friuli" (Schlüssel zum Friaul), denn im Mittelalter, als die Stadt ihre Blüte erlebte, war es unmöglich, an dieser Talenge vorbeizukommen, ohne Steuern oder Maut zu bezahlen. Von der Burg am Ufer des Tagliamento aus war der stark frequentierte Handelsweg leicht zu kontrollieren. Von dort hat man übrigens einen fantastischen Blick auf die Altstadt mit den gut erhaltenen mittelalterlichen Stadtmauern und dem Dom. Venzone war ebenso wie Gemona vom Patriarchen von Aquileia mit Sonderprivilegien ausgestattet worden. Beide Städte waren untereinander zerstritten und führten erbitterte Kämpfe, sodass die wehrhaften Mauern auch zum Schutz gegen die jeweilige Nachbarstadt errichtet wurden. Den Status einer freien Kommune konnten sie beide über Jahrhunderte hartnäckig verteidigen. Gemeinsam war ihnen eigentümlicherweise auch **Meis-**

ter Giovanni, der Bauherr ihrer beiden Dome, die sie mit besonderem Ehrgeiz prunkvoll gestalten ließen. Der Reichtum, den die Zolleinnahmen brachten, war der Grund, warum die Besitzer von Venzone des Öfteren wechselten. Nach den Herren von Mels waren es die Herzöge von Kärnten, danach die Grafen von Görz und schließlich die Herzöge von Österreich, bis die Stadt 1420 unter die Herrschaft Venedigs kam, womit allerdings der wirtschaftliche Niedergang begann.

Wie reich Venzone einmal gewesen sein muss, kann man sowohl am **Rathaus** mit der prächtigen Loggia und der Außentreppe zum Versammlungssaal sowie ganz generell an der prächtigen Architektur der Häuser und Palazzi ermessen, in erster Linie jedoch am stattlichen **Dom Sant'Andrea Apostolo**. Das romanisch-gotische Bauwerk mit den reich geschmückten Portalen weist einen kreuzförmigen Grundriss auf, es ist einschiffig, mit einem hellen, ausladenden Querschiff. An der rechten Langhauswand befindet sich eine Gruppe von Holzfiguren, die die Beweinung Christi darstellen, in der rechten Apsis ist ein wundervolles Vesperbild, eine Pietà aus Stein, zu bestaunen, ein Holzkruzifix friulanischer Schule aus dem 15. Jahrhundert ist über dem Altar angebracht. In der Krypta sind einige Mumien erhalten, die älteste stammt aus dem Jahr 1647. Der Grund für diese natürliche Mumifizierung ist ein besonderer Schimmelpilz, der den Leichnam austrocknet. Man erzählt sich, dass Napoleon, nachdem er diese im Jahr 1804 gesehen hatte, den Wunsch äußerte, hier begraben zu werden, um als Mumie erhalten zu bleiben. Im Bereich des Doms war übrigens eine römische *statio*, eine Raststation an der *Via Iulia Augusta*, gewesen.

Dom Venzone innen

Bewundernswert sind außerdem die massiven Stadtmauern und der Wassergraben, die in einem unregelmäßigen Sechseck und einer Länge von über einem Kilometer die Altstadt umschließen.

Dass wir dies alles heute noch bestaunen können, ist ein Wunder für sich. Keiner, der im Jahr 1976 das Trümmerfeld von Venzone gesehen hat, hätte geglaubt, dass

Zentrum Venzone

die zauberhafte Stadt jemals wiedererstehen könnte. Ohne die Entschlossenheit der Einwohner, die sich für das mühevolle Prozedere eines Wiederaufbaus entschieden haben, wäre die Region um ein großartiges Kulturjuwel ärmer und kaum jemand würde hier haltmachen oder länger verweilen. Es ist ein Vergnügen, durch die Stadt zu schlendern, die Innenhöfe zu erforschen und der unzähligen liebevollen Details an den Häusern, der Balkone, Portale und Arkaden gewahr zu werden. Die Geschäfte in der Altstadt sind sympathisch klein, aber eher für den Erwerb eines Souvenirs als für einen größeren Einkauf geeignet. Auffallend, allein durch den angenehmen Geruch, ist das Angebot an Lavendel, der seit einigen Jahren in der Umgebung

WANDERN

Der Weg zum Kirchlein **San Antonio Abate** führt von der Altstadt über die **Via Mistruzzi** nach Norden und wendet sich nach der Brücke über die **Venzonassa** nach rechts. Man geht geradeaus durch eine Siedlung und folgt einem Sträßchen, das nach links abzweigt, ansteigt und sich gabelt. Man hält sich rechts und erreicht den markierten Wanderweg Nr. 705. Es folgt ein 20-minütiger steiler Anstieg bis zur Häusergruppe **Mastrui**, danach nochmals auf schönem, gut erhaltenem Kulturweg 75 Minuten bergauf zu einer Weggabelung.

Der Weg 705a führt nach wenigen Minuten zur 853 Meter hoch gelegenen **Chiesa di San Antonio Abate** aus dem 14. Jahrhundert. Im Presbyterium (falls die Kirche geöffnet ist) befindet sich an den Seitenwänden und an der Decke ein berühmter Freskenzyklus. Er stellt die Reihe der Apostel dar und Szenen aus dem Leben des hl. Antonius und des hl. Petrus. Die Fresken werden dem Künstler **Gaspare Negro** zugeschrieben und sind mit dem Jahr 1530 datiert.

Das Beste an diesem Wanderziel ist jedoch die fantastische Aussicht. Gehzeit: rund 2 Stunden, der Rückweg ist entsprechend kürzer.

TIPP

Locanda al Municipio, Via Glizoio di Mels 4, Venzone, Tel. +39 0432 985801. Gute lokale Küche, an Wochenenden vorzügliche Fischgerichte. Einfache, aber saubere Zimmer.

angebaut wird und jedes Jahr Anlass für ein großes Lavendelfest gibt. Auch die Kürbisse haben hier Tradition. Das inzwischen über die Grenzen hinaus berühmte Kürbisfest im Herbst ist eine Präsentation aller Köstlichkeiten, die man aus allen möglichen Kürbissorten herstellen kann. Es ist immer verbunden mit einem großen Mittelalterspektakel, wofür man wohl kaum eine bessere Kulisse finden kann.

Der Ledra-Tagliamento-Kanal

Wir verlassen Venzone und fahren auf der SS 13 Richtung Süden. Kurz vor **Ospedaletto** kommt man rechts auf einem Schottersträßchen zu einem Wasserwerk, einem Wehr, an dem Wasser aus dem Tagliamento umgeleitet wird. Die Idee, Wasser über ein verzweigtes Netz von Kanälen zum Zwecke der Bewässerung abzuleiten, ist nicht neu. Bereits im Jahr 1294 gab es den ersten Kanal in Sant'Odorico am Unterlauf des Tagliamento, später wurde er bis Codroipo ausgeweitet. Es gab in den einzelnen Siedlungen einen großen Bedarf an Wasser, nicht nur für die Bewässerung der Felder und den Hausgebrauch, sondern auch für das Betreiben von Mühlen oder Hammerwerken. **Giulio Savorgnan**, jener Militärarchitekt, der auch die Pläne für Palmanova entworfen hatte, gedacht als Bollwerk gegen das türkische Imperium, plante 1592 einen Kanal, der den Tagliamento mit der Ledra verknüpfen und Wasser bis nach Udine leiten sollte. Ein Projekt, das erst 300 Jahre später realisiert werden konnte. An diesem **Canale Ledra-Tagliamento** wurde 1901 das erste „Laufkraftwerk" *(„ad acqua fluente")* in Betrieb genommen und auch zum ersten Mal das Wasser des Tagliamento zur Stromerzeugung genutzt. Der Kanal wurde immer wieder erweitert und erreicht heute nicht nur Udine, sondern kommt im Osten sogar bis in die Nähe des **Torrente Torre** und verzweigt sich wie ein Spinnennetz über die ganze Ebene.

Ospedaletto war, wie schon der Name verrät, vom späten Mittelalter bis 1785 eine Krankenstation, vor allem für Waisenkinder, Reisende und Pilger. Das Hospiz gleich neben der neugotischen **Kirche Santo Spirito** wurde durch das Erdbeben zur Gänze zerstört und wieder neu aufgebaut. Besonders hübsch ist die kleine **Kirche Ognissanti** mit einer Fülle von interessanten Wandmalereien.

WANDERN

Vom nordöstlichen Ortsrand von Ospedaletto führt ein schattiger Wanderweg auf der Trasse der *Via Iulia Augusta* in etwa 30 Minuten zur **Sella Sant'Agnese**. Ein Kirchlein, Teil einer ehemaligen Klosteranlage, steht auf der Anhöhe dieses Sattels, umgeben von einem unvermutet großen Wiesenareal, das im Frühjahr mit einer vielfältigen Blumenpracht aufwarten kann.

Man kann von hier aus Richtung **Venzone** weiterwandern, zunächst der Römerstraße folgend und dann über ein weites Schottergelände. Gehzeit ca. 45 Minuten in eine Richtung. Dieser Weg beginnt schon in Gemona und könnte von dort aus begangen werden, etwas länger, aber umso schöner.

Christophorus am Dom von Gemona

Gemona del Friuli

An der linken Seite des Flusses bietet die erhöht gelegene Stadt, die sich an die Hänge des **Monte Glemina** schmiegt, nicht nur weite Ausblicke, sondern auch eine attraktive Altstadt, eine prachtvolle Burg, einladende Bars und als Hauptattraktion einen großartigen und in seinen Ausmaßen riesigen Dom. **Santa Maria Assunta** thront seit mehr als 700 Jahren am Nordostrand Gemonas, knapp hundert Meter höher als der Fluss, und wurde 1976 durch das Erdbeben schwer beschädigt. Dabei ist der Campanile in sich zusammengefallen und musste neu errichtet werden, das rechte Seitenschiff wurde stark in Mitleidenschaft gezogen, wodurch noch heute die Säulen ein wenig schief stehen. Vor dieser Katastrophe konnte sie auch der sieben Meter hohe Christophorus nicht bewahren, der an der Außenfassade neben dem Eingangstor Wache hält. In einer kunstvollen Galerie über dem Portal stellen detailreich gearbeitete Figuren die Anbetung der Hei-

Blick von der Burg auf Gemona

ligen Drei Könige dar. Darüber eine riesige Rosette, ein Radfenster, das zu den wertvollsten seiner Art in Italien zählt. Allein die Frontseite dieser Kirche ist ein außergewöhnlich schönes Beispiel hochmittelalterlicher Bildhauerkunst. Im Inneren hat das Gotteshaus ebenso Kunstwerke und Erinnerungsstücke zu bieten, so etwa ein kunstvoll geschnitztes Altarretabel aus dem Jahr 1391 oder das hölzerne Altarkreuz, das nach dem Beben von 1976 aus den Trümmern geborgen wurde. Die Krypta erreicht man über eine Außentreppe; es handelt sich dabei um zwei sehr alte Kapellen, über denen später der Dom erbaut wurde. Der Domschatz wird im Pfarrgebäude verwahrt: wertvolle Goldschmiedearbeiten, Paramente und Handschriften, unter ihnen das älteste Taufregister Europas, in dem alle seit 1379 getauften Bürger Gemonas vermerkt sind.

Besonders empfehlenswert ist ein Bummel durch die Altstadt, etwa vom Dom bis zum Rathaus durch die **Via Bini**. Sie wird flankiert von schönen Arkaden, Portalen und kunstvollen Fassaden mit alten Fresken. Von hier aus führt ein Weg zur alten Festung, die Gemona überragt und beim Erdbeben eingestürzt ist, aber bald wieder in altem Glanz erstrahlen soll. Begleitet von Bildern der Zerstörung und des noch immer nicht abgeschlossenen Wiederaufbaus führt der Weg hinauf zur Burg und endet in einem kleinen Park mit altem Baumbestand und prächtiger Aussicht.

Am anderen Ende der Via Bini steht ein weiteres Wahrzeichen der Stadt, das venezianische Rathaus mit der großen Loggia.

Heute zählt die Stadt, die zu den ältesten Friauls gehört, etwa 12000 Einwohner. An der *Via Iulia Augusta* gelegen, war sie schon bei den Römern und später unter den Langobarden eine befestigte Siedlung. Ihre große Blütezeit erlebte Gemona im Mittelalter als Station auf der wichtigen Handelsroute Richtung Norden. Nicht zuletzt deshalb hatte sie im Patriarchat eine besondere Stellung, mit einem vom Patriarchen eingesetzten Stadthauptmann und einer eigenen Ratsversammlung. In Vergessenheit geraten ist die ehemals florierende Seidenfabrikation Gemonas mit einer Färberei, einer Seidenhaspelei und einer Zwirnerei.

TIPPS Gemona

Touristen-Info: www.gemonaweb.it

Domöffnungszeiten: 8–12, 14:30–20 Uhr, im Winter 14:30–17:30 Uhr

Dommuseum: Nur sonn- und feiertags 10:30–12:30 und 15–19 Uhr

Hotel-Restaurant Sissi, Via Piovega 19, Tel. +39 0432 981158. Sehr bequeme Zimmer, gute ländliche Küche.

Messa del Tallero

Wie Venzone hat auch Gemona sein jährliches Mittelalterspektakel, hier ist es das „Talerfest", ein Brauch, der bis ins Mittelalter zurückreicht und jährlich zu Epiphanie am 6. Jänner begangen wird. Beim Festgottesdienst übergibt der Bürgermeister dem Priester einen silbernen Maria-Theresien-Taler, ein symbolisches Geschenk aller an das „Bambino Gesù", das Jesuskind, so wie einst die Heiligen Drei Könige kamen und es beschenkten. Nach der Messe beginnt am Platz vor der Kirche ein großes Fest in mittelalterlichem Ambiente, mit edlen Rittern und ihren Damen, Fahnenschwingern, Trommlern und Gauklern, mit allem, was dazugehört. Für den Höhepunkt, das Epiphanie-Feuer, wurden schon Tage zuvor Holzscheite aller Art kunstvoll in Zapfenform aufgeschichtet, daher die Bezeichnung dafür: *pignarul (pigna* = Tannenzapfen). Wer den Rauch und das Feuer zu deuten weiß, kann erfahren, wie sich das kommende Jahr entwickeln wird. Ähnliche Feuerspektakel gibt es in vielen Orten Friauls, gleich in der Nähe in Ospedaletto, weiters in Tarcento, Nimis und Cividale.

Von Gemona aus rücken wir dem Tagliamento wieder ein wenig näher und schlagen den Weg nach **Osoppo** ein.

Der lang gestreckte Ort am Fuße des **Monte Osoppo** zählt knapp 3 000 Einwohner und war schon in vorrömischer Zeit bewohnt. Der Sportplatz und die Pfarrkirche **Santa Maria ad Nives** liegen dem Tagliamento am nächsten. Wenige, aber erlesene Werke bedeutender Künstler schmücken ihr Inneres. Von besonderer Schönheit ist die Altartafel „Madonna mit dem Kind, umgeben von Heiligen", zu sehen rechts neben dem Eingang. **Pellegrino da San Daniele** nennt sich der Künstler, der in San Daniele sein Hauptwerk geschaffen hat.

Neben der Kirche führt der markierte Fußweg (Nr. 720) durch den Wald auf die Kuppe des Monte Osoppo. Wer sich die Mühe ersparen möchte, kommt auch mit dem Auto auf der asphaltierten Straße hinauf. Man passiert das alte Festungstor und erreicht zunächst ein kulturhistorisches Denkmal, das mehrmals zerstört wurde, die **Kirche San Pietro**. Ihre Mauerreste, vor allem aber die Fundamente der frühchristlichen Kirche, über der sie im 16. Jahrhundert errichtet wurde, sind heute durch ein gewölbtes

WANDERN

Vom Südosten der Stadt führen schöne und gut markierte Wanderwege auf den **Monte Glemina**, zum **Ors di Cuarnan** und zur kleinen Kirche am Gipfel des **Monte Cuarnan** (Nr. 715 und 716). Der **Monte Cuarnan** mit seiner großen, unbewaldeten Kuppe bietet einmalig schöne Weitblicke in die Ebene, die im Westen vom Tagliamento und den dahinterliegenden Bergen begrenzt wird. Er ist auch ein beliebter Startplatz für Paragleiter. Gehzeit von Gemona aus ca. 4 Stunden (siehe Tabacco Wanderkarte 020).

Kirche San Pietro auf dem Monte Osoppo

Metalldach geschützt. Gleich daneben steht ein modernes Museumsgebäude, das jedoch nur im Sommer offen hält. Richtung Süden erstreckt sich der **Parco del Rivellino**, ein Naturpark mit großen Wiesenflächen entlang eines Felsgrats, auf dem sich steil über dem Abgrund die Festung aus dem 14. Jahrhundert erhebt. Der Hügel wurde seit der Antike immer wieder als militärischer Stützpunkt benutzt und ist heute ein riesiges militärisches Freilichtmuseum. Durch seine strategisch günstige Lage wurde der Berg wiederholt zum Schauplatz grausamer Schlachten, sowohl bei den Auseinandersetzungen mit Napoleon, in den Freiheitskämpfen 1848 als auch im Zweiten Weltkrieg. Schon der schönen Ausblicke wegen lohnt es sich, hier ein wenig herumzustreifen. Im südlichen Teil des Hügels sind fossile Abdrücke von Säugetieren zu sehen.

Burgberg, Monte Osoppo

TIPPS Osoppo

Touristeninfo auf der Festungsburg: prolocoosoppo@libero.it, Tel. +39 0432 974161

Albergo Pittis, Hotel-Ristorante, Via Andervolti 2, Tel. +39 0432 975346

WANDERN

Der Wanderweg Nr. 720 führt von der Pfarrkirche nicht nur auf den Monte Osoppo, sondern auch vom nahe gelegenen Sportgelände beim Fluss zu der auf einem Hügel gelegenen **Kirche San Rocco** und durch ein parkähnliches Gelände wieder ins Zentrum zurück. Tabacco Wanderkarte 020. Gehzeit für die Runde: ca. 2,5 Stunden.

Die Gesichter des Tagliamento

Wer den Tagliamento bis hierher begleitet hat, kennt bereits einige seiner verschiedenen Erscheinungsformen. Es ist, als wäre er nicht ein einziger Fluss, sondern mehrere mit ganz unterschiedlichen Charakteren. Der Tagliamento von Forni ist nicht derselbe wie jener von Tolmezzo, Gemona, Pinzano oder Spilimbergo und schon gar nicht vergleichbar mit dem Tagliamento in den letzten Kilometern vor der Mündung ins Meer. Von Ospedaletto bis zum Örtchen **Cimano**, 8 Kilometer weiter südlich, ist der Tagliamento besonders attraktiv. Die Gemeinden von **Trasaghis, Peonis** und **Forgaria** am rechten Ufer, miteingeschlossen der **Lago di Cornino** und der Tagliamento selbst im gesamten Bereich, stehen unter Naturschutz. In diesem Abschnitt hat der Mensch kaum Einfluss auf die faszinierende Flusslandschaft genommen, die der Tagliamento in den Jahrtausenden nach der letzten Eiszeit geschaffen hat. Sieht man von der Autobahn, die das breite Flussbett quert, und den Industrieanlagen südlich von Osoppo ab, gibt es nichts, was im weiten Umfeld des breiten Flusses die Urtümlichkeit der Natur beeinträchtigen könnte. Monoton ist diese Szene nur auf den ersten Blick. Bei genauerem Hinsehen wird man feststellen, in wie viele unterschiedliche Ebenen, Stufen, Höhlen, Gruben, kleine Seen und Tümpel diese „Gerölllandschaft" gegliedert ist. Man nennt diese Form, in der sich der Tagliamento mit seinen vielen Nebenarmen ausbreitet, in der Fachsprache ein „verzopftes Flusssystem" mit Inseln zwischen den Strähnen, um in diesem Bild zu bleiben. Auf ihnen und an den Ufern hat sich ein „botanischer Garten" entwickelt: **Pappeln, Weiden** und **Ulmen** in großer Zahl sind hier zu Hause, dazwischen **Heckenrosen, Goldregen, Liguster** und ein beliebter Nektarspender für Schmetterlinge, der **Blutweiderich**. Eine Insektenart, die leider immer seltener wird, findet hier ideale Bedingungen vor, die **Schmetterlinge**. So manchen davon wird wohl der **Flussregenpfeifer** verspeisen, ein Vogel den man hier *Corriere piccolo* nennt, aber auch **Roter Milan, Kolkrabe** und **Gänsegeier** ziehen hier ihre Kreise.

Goldregen

Villa Colloredo di Susans

Trauben für die Krähen

In den trockenen Flussauen dieser Gegend wächst in großen Mengen Sanddorn *(ital. uva di cornacchia* = Krähentraube), ein sommergrüner Strauch, der bis zu 6 Meter hoch wird. Seine ovalen orangeroten bis gelben Früchte haben einen hohen Vitamin-C-Gehalt, das Fruchtfleisch enthält zudem 3 bis 5 Prozent Öl, das reich an mehrfach ungesättigten Fettsäuren ist. Früher wurde Sanddorn, vor allem in der Gegend von Peonis, in großen Mengen gesammelt, um sich ein Zubrot zu verdienen. Man hat Säfte und kosmetische Produkte daraus gefertigt oder die Früchte an Pharmafirmen in der Schweiz und in Deutschland geliefert.

Von Osoppo auf der Straße Nr. 463 weiter Richtung Süden passieren wir ein riesiges Industriegelände und kommen nach **Rivoli di Osoppo**. Hier kann man einen kleinen Spaziergang durch die Aulandschaft unternehmen, indem man bei der Bahnübersetzung nach rechts zum **Mulino del Cucco** abbiegt. Vorbei an einer Fischzuchtanlage gelangt man zu einem Kanal und zum Alpen-Adria-Radweg. Die Aquakulturen rund um den Tagliamento haben übrigens einen guten Ruf, dementsprechend geschmackvoll und begehrt sind die dort gezüchteten Forellen. Ein Spaziergang am Radweg führt rechts Richtung Osoppo, links nach Cimano.

Kurz nach Rivoli di Osoppo folgt der Ort **Majano**, von dem eine kleine Straße nach **Susans** abbiegt. Auf einem Hügel am Rande dieser Ortschaft steht eine schlossartige Villa mit dem Charakter einer Festung. Benannt nach ihrem Bauherrn, Conte Fabrizio di Colloredo, wurde sie just an jener Stelle errichtet, an der zuvor eine Burg den Hügel beherrschte.

Wenn man die Straße von Susans weiter Richtung **Cimano** fährt, gelangt man an eine Brücke, die an das rechte Tagliamento-Ufer führt und Gelegenheit bietet, das an dieser Stelle besonders breite Flussbett näher in Augenschein zu nehmen.

Tödliche Fluten

Die beiden Orte Cimano am linken und Cornino am rechten Ufer waren einst durch eine Fähre verbunden. Es wird berichtet, dass gerade in diesem Bereich viele Menschen im Fluss ertrunken sind. Vorwiegend bei etwas niedrigerem Wasserstand wollte sich so mancher die Kosten für die Überfuhr sparen und ist zu Fuß durch den Fluss gewatet. Doch das Flussbett war und ist tückisch, weil es Vertiefungen gibt, die man mit freiem Auge schwer erkennen kann. Darüber hinaus treten da und dort gefährliche Strömungen und Wasserstrudel auf, die Nichtschwimmern leicht zum Verhängnis werden können. Man berichtet, dass die Überquerung sogar mit der Fähre oft ein gefährliches Unterfangen darstellte. Im Bereich von Forgaria beklagte man im 18. Jahrhundert 150 Tote innerhalb weniger Jahre, allesamt Opfer von gekenterten Booten und Fähren. Allein am Weihnachtstag 1772 ist bei extremer Kälte eine Fähre gesunken und hat 27 Menschenleben gefordert.

Nimmt man von Susans die Straße Richtung **San Tomaso di Majano**, so kann man dort ein besonderes Kleinod bestaunen. Wie im Abschnitt „Wandern am Tagliamento" näher ausgeführt, gibt es Bestrebungen, den alten Jerusalem-Pilgerweg entlang des Flusses wieder in Erinnerung zu rufen und die alten Wege in Italien neu zu beleben. Im Zentrum von San Tomaso steht ein mit großem Aufwand und der Hilfe vieler Freiwilliger restauriertes Pilgerhospital mit der **Kirche des heiligen Johannes**. Dieser harmonische Gebäudekomplex des wehrhaften Hospitals mit Einfriedung, Wohntrakt, Stallungen und Verteidigungstrakt ist mit dem Jahr 1199 datiert und gehört somit zu den ältesten nichtsakralen Bauwerken der Region. Von den kostbaren Fresken des 14. Jahrhunderts im Innenraum der Kirche

Taufstein und Pilgerhospital in San Tomaso di Majano

sind nur mehr Reste vorhanden, die schönsten sieht man an der Südseite der Außenfassade.

> **TIPP**
>
> Für jene, die auf den Geschmack kommen und dem Pilgerweg folgen möchten, gibt es einen deutschsprachigen Führer: Marino del Piccolo, *Der Cammino am Tagliamento entlang der antiken Via d'Allemagna.*

San Daniele

Die Stadt, die heute in einem Atemzug mit dem berühmten Prosciutto genannt wird, zählt zu den bekanntesten Orten Friauls. Auf einem Hügel, 150 Meter über dem Tagliamento, wo vormals ein römisches *castrum* und später eine Burg der Patriarchen von Aquileia ihren Platz hatten, liegt das Zentrum mit der hübschen Altstadt. Von der Burg auf der Kuppe des Hügels ist nur mehr der Turm erhalten, der sich neben der eher nüchtern wirkenden **Kirche San Daniele in Castello** erhebt. Sie ist eine Gründung aus der Zeit der Langobarden und war bis ins 15. Jahrhundert die Pfarrkirche der Stadt.

Auf dem Weg vom Burghügel hinunter zum Zentrum passiert man einige schöne Villen, das **Museo Civico del Territorio** und gelangt durch die Via San Sebastiano zur **Piazza Pellegrino** und damit mitten ins pulsierende Zentrum von San Daniele rund um den Platz vor dem Dom. Es ist immer etwas los in dieser Stadt, unzählige Reisebusse mit Schinken-Touristen machen hier halt und besuchen die Bars und Restaurants, die sich auf die Verkostung und den Verkauf des berühm-

San Daniele del Friuli

ten **Prosciutto di San Daniele** spezialisiert haben. Durch die günstige Lage im Hinblick auf Klima, Temperatur und Luftaustausch hat die Schinkenerzeugung hier Fuß gefasst. Wurden früher ausschließlich in der kalten Jahreszeit die begehrten Keulen bearbeitet, wird heute aufgrund der großen Nachfrage in riesigen klimatisierten Hallen das ganze Jahr über produziert. Die Schweinekeulen kommen aus verschiedenen Regionen Italiens und müssen auch im Sommer zum „Qualitätsprodukt" heranreifen. Dass dieses Geschäft floriert, beweist die große Zahl an „Schinkenfabriken" in der Umgebung der Stadt. Alljährlich feiert man am letzten Juni-Wochenende **Aria di Festa**, das große Schinkenfest von San Daniele.

Der barocke **Dom San Michele Archangelo**, von Domenico Rossi Anfang des 18. Jahrhunderts errichtet, verwöhnt die Besucher mit Werken von Pordenone, Amalteo oder Tiepolo. Er wird vom ehemaligen Rathaus, dem **Palazzo del Municipio**, flankiert. Dieses beherbergt die **Biblioteca Guarneriana**, die erste Bibliothek Friauls, von der behauptet wird, sie sei auch die erste Italiens gewesen. Ihr besonderer Stolz ist eine byzantinische Bibel mit prunkvollen Ornamenten, sie stammt vom Ende des 12. Jahrhunderts. Zudem verwahrt man wertvolle Handschriften, darunter eine „Göttliche Komödie" Dantes, die ähnlich aufwendig verziert ist wie das Exemplar in der Pariser Nationalbibliothek.

Die schönste Kirche des Ortes ist **San Antonio Abate**, sie liegt wenige Minuten westlich des Doms. Hier trifft man den begnadeten Künstler **Pellegrino da San Daniele** wieder, der eigentlich Martino da Udine hieß und dessen berühmtes Bild „Madonna mit dem Kind" in Osoppo zu bewundern ist. Zwischen 1497 und 1522 hat er mit der wundervollen Ausgestaltung von San Antonio Abate eine wahre Meisterleistung vollbracht.

Dante in der Biblioteca Guarneriana

San Antonio Abate

Biblioteca Guarneriana

TIPPS San Daniele

Biblioteca Guarneriana: Nur nach Voranmeldung, mittwochvormittags und samstagnachmittags, unter www.guarneriana.it oder Tel. +39 0432 946560.

L'Ostaria Tancredi, Via Monte Sabotino 10, Tel. +39 0432 941594, mittwochs geschlossen. Sehr zu empfehlen.

Ristorante La Tavernaccia, Via Umberto I, Tel. +39 0432 940862

B & B Valeriana, Via Valeriana 99, Tel. +39 392 3100870, schöne, moderne Unterkunft in ruhiger Lage etwas außerhalb der Altstadt.

Tour 10
CARNIA–SAN DANIELE DEL FRIULI

Länge: 30 km/48 Min.

Streckenverlauf: An der linken Uferseite und vorbei am Monte San Simeone zu den Städten Venzone und Gemona, über die Ebene nach Osoppo, dann schnurgerade Richtung Süden

Stützpunkte: Venzone, Gemona, Osoppo, San Daniele del Friuli

Besonderheiten: Venzone und Gemona als kulturhistorisch bedeutende Städte Oberitaliens, Ausgangspunkte für schöne Wanderungen. Abstecher auf den Monte Osoppo mit Festung; Schloss Susans, Pilgerhospiz in San Tomaso bei San Daniele, Stadt des Schinkens, und kulturhistorische Kleinode wie die Kirche San Antonio Abate.

TOUR 11

VON RAGOGNA ÜBER PINZANO ZUM LAGO DI CORNINO

Nordwestlich von San Daniele liegt in einem kleinen Becken der reizvolle **Lago di Ragogna**, ein idyllisches Plätzchen mit Spazierwegen, Schautafeln, die auf die Besonderheiten von Flora und Fauna aufmerksam machen, und einem Aussichtsturm.

Nimmt man die Straße Richtung Muris auf den **Monte di Ragogna**, gelangt man zur kleinen Kirche **San Giovanni in Monte** mit einem der schönsten Ausblicke auf das breite Flussbett des Tagliamento in der Ebene zwischen Gemona und Majano (siehe auch Coverfoto).

Fährt man die Straße über den Berg Richtung Südwesten weiter, kommt man zum mittelalterlichen **Castello di Ragogna** mit einem kleinen Museum und malerischen Ausblicken auf den Fluss. Von der antiken Siedlung an dieser Stelle sind spärliche Überreste vorhanden. In der **Taufkirche San Pietro** wurde ein beschädigter romanischer Freskenzyklus freigelegt, er zeigt Episoden aus der Genesis.

WANDERN

Von Ragogna führt ein markierter Rundwanderweg (Nr. 813) mit herrlichen Ausblicken in alle Richtungen zur Kirche **San Giovanni in Monte** und über den lang gezogenen Bergrücken des **Monte di Ragogna**, vorbei an einigen interessanten Brunnen und Quellen, zum Ausgangspunkt zurück (Gehzeit: 3,5 Stunden).

Morgenstimmung, Lago di Ragogna

Ragogna gehörte übrigens zu den sieben befestigten Orten der Langobarden, die zur Sicherung des Landes dienen sollten. Mehr über die Geschichte dieser Gemeinde, über Geologie und Umwelt dieses Moränenkessels erfährt man im Stadtmuseum, wo man auch einige Fossilien verwahrt.

In der Nähe von San Pietro liegt das kleine Dorf **Viluzza** mit der Kirche, die den heiligen Laurentius und Sebastian geweiht ist. Dort sind besonders schöne Fresken aus dem 11. Jahrhundert zu sehen, leider ist die Kirche fast immer verschlossen und nur zu besonderen Festen zugänglich. Dennoch lohnt sich der Weg hierher, denn gleich neben der Kirche ist ein ausnehmend schöner Rastplatz mit herrlichem Weitblick ins Tagliamento-Tal, diesmal nach Süden. Für einen Spaziergang in der Steinwüste des Flussbetts nimmt man die Straße hinunter zum Fluss. Der schattige, weitläufige Platz am Ufer ist ebenfalls ideal für eine Rast oder eine Stärkung im „Alten Fährboot" (siehe Tipp). In der warmen Jahreszeit wird der schöne Uferbereich vor allem von den Einheimischen als Picknickplatz und Badestrand genutzt.

TIPP Viluzza

Ristorante Al Vecjo Traghet, via 2 Giugno Tabine, Tel. +39 0432 957743

Zurück in Viluzza halten wir uns links und fahren zu jenem malerischen Ort, an dem der Tagliamento durch eine schmale Pforte in die weite Ebene eintritt, an der Talenge bei der Brücke von **Pinzano**. Wer einen Blick von der Brücke in beide Richtungen werfen will, was zu empfehlen ist, muss einige Meter davor eine der spärlichen Parkmöglichkeiten in Anspruch nehmen, denn die Straße ist ziemlich eng, hat jedoch auf der Brücke einen schmalen Gehsteig. Ein paar enge und steile Kurven weiter wenden wir uns gleich am Ortseingang von Pinzano nach rechts, Richtung **Flagogna**. Noch ehe man diesen Ort erreicht, überquert man den **Torrente Arzino**, einen wichtigen Nebenfluss des Taglimento. Flussaufwärts führt die Straße lange Zeit eine atemberaubend schöne Schlucht entlang und erreicht nach 32 langen Kilometern durch die einsame Landschaft in den Bergen Tolmezzo. In der Vergangenheit war diese Route ein beliebter Weg nach Norden, der vor allem in unsicheren Zeiten jenem, der durch die Ebene führt, vorgezogen wurde.

In der wiederaufgebauten Marienkirche besitzt **Flagogna** eine wertvolle geschnitzte Marienbüste aus dem 15. Jahrhundert, gefertigt von **Domenico da Tolmezzo**. Auf der Anhöhe über der Siedlung thront die im 13. Jahrhundert errichtete **Burg San Giovanni**, auch Castelnuovo genannt.

Burg und Brücke von Pinzano

Ein besonders geschichtsträchtiger Ort liegt auf einem Hügel nordöstlich über dem Ort **Forgaria nel Friuli**. Hier erhob sich einst das geheimnisvolle **Kastell Raimondo**, abgeleitet vom friulanischen Ortsnamen Zuc Scjaramont. Wer das archäologische Grabungsfeld mit der grandiosen Aussicht besucht, wird sich nicht weiter wundern, dass dieses schöne Plätzchen schon in der Jungsteinzeit bekannt war. Orientiert man sich an den Funden, so kann man Niederlassungen seit 4500 Jahren belegen. Mit einer kurzen Unterbrechung war dieser Berg bis ins 14. Jahrhundert bewohnt. Die spärlichen Reste der ehemaligen Behausungen und Verteidigungsanlagen sind zum Teil durch eine Dachkonstruktion geschützt. Um diesen Berg ranken sich zahlreiche Legenden, unter anderem jene, die von einem goldenen Kalb erzählt, das unter einem Baum auf dem Hügel vergraben sein soll. Diese Geschichte hat so manchen Hobbyarchäologen auf den Plan gerufen. Die heimlichen Grabungen blieben jedoch nicht verborgen, schon allein deshalb, weil sie dabei einige interessante Fundstücke zutage brachten. Dies machte wiederum die Behörden aufmerksam, die daraufhin eine systematische Erforschung der Fundstelle beschlossen und damit die Universität Bologna beauftragten. Heute wird hier wohl nicht mehr gegraben, denn das Gelände wirkt verlassen und nicht gepflegt, im extrem hohen Gras konnte ich weder einen Weg noch Spuren anderer Besucher erkennen.

Blick vom Monte di Ragogna nach Süden

Von Forgaria aus wenden wir uns wieder dem Fluss zu und gelangen nach Cornino und weiter nach Somp Cornino zum Besucherzentrum des Riserva Naturale del Lago di Cornino. Der See selbst ist von hier am besten zu Fuß in zirka 7 Minuten zu erreichen (man findet am See kaum Parkmöglichkeit).

TIPP

Ivana & Secondo, Officina dei Sapori, gepflegtes Restaurant mit exzellenter Küche zu moderaten Preisen. In Manazzons, auf der Anhöhe westlich von Flagogna, Tel. +39 0432 950003.

Gänsegeier am Lago di Cornino

In den 1980er-Jahren wurden in den Felsen hoch über dem Lago di Cornino die ersten Gänsegeier angesiedelt – Greifvögel mit einer Flügelspannweite von etwa 3 Metern und einem Gewicht von 8 bis 10 Kilogramm. Heute besteht die Kolonie aus etwa 150 Vögeln, die in weiten Gebieten der östlichen Alpen unterwegs sind.

Am besten kommt man in den späten Vormittagsstunden hierher, um die Gänsegeier bei ihrer Mahlzeit auf dem gegenüberliegenden Felsplateau beobachten zu können (Fernglas mitbringen). Weil die Zahl jener Wildtiere, die im Wald verenden, nicht ausreicht, um den Hunger der Gänsegeier zu stillen, werden als „Nahrungsergänzung" Tierkadaver am Fuße des Berges deponiert. Die Wiederansiedlung von Gänsegeiern in dieser Gegend ist ein Projekt, das gemeinsam mit einem Reservat auf der Insel Cres realisiert wurde. Um ihre Artgenossen zu besuchen, fliegen die Geier auch nach Kroatien, wohlgemerkt ohne Zwischenlandung.

Einige Greifvögel sind zudem aus nächster Nähe in den Volieren des Zentrums zu beobachten, in dem alle Informationen über den See und die Greifvögel angeboten werden. Der Lago di Cornino ist ein märchenhafter kleiner See, in einer Mulde unmittelbar neben der Straße gelegen. Dahinter erhebt sich ein steiler Berghang, über dem die Gänsegeier kreisen. Der tiefblaue bis smaragdgrüne See, der durch die Gletscherschmelze vor etwa 10 000 Jahren entstanden ist, wird von unterirdischen Zuströmen gespeist, die vom Hochpla-

Lago di Cornino

teau des Monte Prât kommen. Weil es einen regelmäßigen Wasseraustausch gibt, ist die Temperatur des Sees eher kühl, sie schwankt zwischen 8 und 12 Grad. Dort, wo das Wasser aus der Tiefe einströmt, ist der Grund ohne Bewuchs. Diese kahlen, hellen Stellen kann man im glasklaren Wasser auch vom Ufer aus leicht erkennen, denn der See ist mit 8 bis 9 Metern nicht besonders tief. Es lohnt sich, ihn auf einem schmalen, zwischendurch steilen Spazierweg, versteckt zwischen einigen Bäumen und Felsen, zu umrunden.

Am Berg über dem Lago di Cornino reichen die **Steineichenbüsche** bis zum Gipfel, der **Hopfenbuchenwald** am Flusslauf hat sich an den bewegten Schotter angepasst. Man spaziert zwischen **Manna-Eschen** und **Flaumeichen** vom See über die Straßenbrücke zum Aussichtspunkt. Hier hat man einen herrlichen Blick sowohl auf den Lago di Cornino als auch auf den breiten Tagliamento. Wer sich für Blumen und Kräuter interessiert, kann sich dort am **Amethystblauen Mannstreu** erfreuen, einer hübschen distelähnlichen Pflanze mit stacheligen Blättern. Das wilde **Bergbohnenkraut**, ein Aphrodisiakum, gedeiht hier ebenso wie die **Bergminze**, der **Bergfenchel**, der wilde **Berglauch**, der **Silberblättrige Ehrenpreis** und die **Istrianische Birkwurz**.

In der Nähe des Besucherzentrums bieten die **Laghetti Pakar** am rechten Tagliamento-Ufer viele Möglichkeiten zur Entspannung in der schönen Natur. Man kann Forellen fischen, picknicken, eine Stärkung in der Bar oder im Restaurant zu sich nehmen oder den Fluss entlangwandern. Am Beginn der Brücke gibt es ebenfalls gute Möglichkeiten, ans Ufer zu gelangen.

TIPP Riserva Naturale del Lago di Cornino

Öffnungszeiten Besucherzentrum: Außer Montag 9–13 Uhr, an Feiertagen und Wochenenden auch nachmittags 14–16 Uhr, im Sommer etwas länger. www.riservacornino.it

Amethystblauer Mannstreu

Der Tagliamento in der großen Ebene

Wenn man den Blick von der Brücke bei Pinzano Richtung Süden richtet, erkennt man weit und breit kein Hindernis mehr, das sich dem Tagliamento in den Weg stellen könnte. Er kann sich, wie schon zwischen Trasaghis und Cimano, ausbreiten wie es ihm beliebt. Mit etwas Fantasie kann man sich vorstellen, wie sich hier das Meer allmählich zurückgezogen hat, während durch die andauernde Kälte riesige Wassermengen durch Vereisung an den Polkappen gebunden wurden. Die Flüsse, deren Lauf zunächst entsprechend kurz war, deponierten ihre Ablagerungen am Meeresgrund und formten allmählich die große Ebene. Da sich hier ihre Fließgeschwindigkeit mehr und mehr reduzierte, blieb das grobe Material im ersten Bereich zurück, weiter nach Süden wurden die Sedimente immer feinkörniger. Im Bereich der Küste wird schließlich das Schotter- und Kiesfundament durch Ton und Schlamm abgelöst. Schlussendlich formt der feine Sand gemeinsam mit der Meeresströmung die Lidos, Lagunen und Dünen am Ufer der Adria. Diese Ablagerungen und die vielen Überschwemmungen haben das Gebiet seit dem Quartär sukzessive terrassiert.

Blick von der Brücke von Pinzano

Das Flussbett des Tagliamento erreicht auch nach der Enge von Pinzano an einigen Stellen eine Breite von bis zu 2 Kilometern. Erstaunlicherweise versickert ab nun ein großer Teil seiner Wasserkapazität in den Untergrund, und zwar etwa 70 Kubikmeter pro Sekunde. Das kommt daher, dass die sogenannte **Alta Pianura**, die Obere Ebene, von sehr grobkörnigem Aufbau ist. Die Sedimente dieses Bodens sind, wie es in der Fachsprache heißt, „wasserzügig". Das Wasser verteilt sich unterirdisch und ist im weiteren Verlauf für den Grundwasserpegel von großer Bedeutung. Das Wasser trifft dann weiter südlich auf einen anderen Untergrund, der es wieder näher an die Oberfläche bringt.

Die nach Süden anschließende **Bassa Pianura**, die Untere Ebene, ist wiederum von sehr feinkörniger Beschaffenheit, das Erdreich praktisch ohne Steine, der Traum für jeden Landwirt im Ackerbau, wäre nicht der Umstand, dass die Böden äußerst hart werden und mit schwerem Gerät bearbeitet werden müssen.

Das Besondere an der geologischen Struktur dieser Pianura ist, dass sich zwischen den grobkörnig geschichteten Bereich der Alta Pianura und die feinen Sedimente der Bassa Pianura im Süden eine Zone schiebt, an der das Grundwasser nicht mehr

Richtung Süden weiterfließen kann, nach oben gedrückt wird und deshalb der Grundwasserspiegel sehr hoch liegt. Man bezeichnet sie als **Zona delle Risorgive** oder **Zona di Fontanili**. Sie umfasst einen Bereich von etwa einem bis acht Kilometern, der sich auf einer Linie von Palmanova über Casarsa bis nach Sacile erstreckt. Dieser Landstrich ist seit jeher bevorzugtes Siedlungsgebiet, ein Gebiet mit vielen Quellen und kleinen Wasserläufen. So gesehen ist der Tagliamento ein Segen für den Wasserhaushalt dieser Region. Der Großteil des Grundwassers ist also kein „Regenwasser", sondern Wasser aus den Bergen der Julischen und Karnischen Alpen.

Blick vom Monte di Ragogna nach Nordwesten

Tour 11
RAGOGNA–LAGO DI CORNINO

- **Länge:** 20 km/35 Min.
- **Streckenverlauf:** Abwechslungsreiche, hügelige Landschaft, herrliche Ausblicke auf den Fluss vom Monte di Ragogna und der Brücke von Pinzano
- **Stützpunkte:** Ragogna, Villuzza, Pinzano, Somp Cornino
- **Besonderheiten:** Aussichtsberg Monte di Ragogna mit Castello (schöne Wanderung), Villuzza mit Tagliamento-Strand, Kastell Raimondo, Greifvogelpark Somp Cornino, Gänsegeier über türkisfarbenem Lago di Cornino

TOUR 12

VON **PINZANO** ÜBER **SPILIMBERGO** NACH **CASARSA**

Wir verlassen das kleine Straßendorf Pinzano und werden den Tagliamento zunächst an seiner rechten Seite, nunmehr in der Provinz Pordenone, begleiten, denn ab hier bildet er die Grenze zur Provinz Udine. **Valeriano** und **Baseglia** sind die nächsten beiden Orte, an denen man vorbeikommt, beide liegen nicht direkt am Fluss. In der Pfarrkirche von **Valeriano** ist man stolz auf das älteste Fresko des berühmten Malers **Giovanni da Pordenone**, es zeigt den Erzengel Michael sowie die heiligen Valerianus und Johannes den Täufer.

Jahre später bemalte er die Fassade der gegenüberliegenden kleinen Kirche **Santa Maria dei Battuti** mit einem Christophorus. Sie ist ein weiteres Juwel der Gemeinde, denn in ihrem Inneren schuf der Künstler mehrere großartige Fresken, von denen besonders die lebendig gestaltete Szene der Geburt Jesu Aufmerksam-

„Die Geburt Jesu", Santa Maria dei Battuti

keit verdient. Kunstinteressierte sollten auf alle Fälle in Baseglia haltmachen. Die Kirche **Santa Croce**, deren Fassade ein auffallend großes Christophorus-Fresko ziert, nimmt jeden, der hier eintritt, durch die wunderschönen Malereien im Chorbereich gefangen, es sind Arbeiten von **Pomponio Amalteo**, einem Schüler Pordenones. Wer die Werke des Letzteren zu schätzen weiß, darf auch an **Vacile** nicht achtlos vorüberfahren, das Städtchen liegt nur wenige Kilometer nordwestlich von Baseglia. Der junge Pordenone malte ebendort in der **Kirche San Lorenzo** in leuchtend schönen Farben den Chor aus.

Spilimbergo

Es war die Kärntner Familie der Spengenbergs, nach der dieser bedeutende Ort seinen Namen erhielt. Vermutlich übersiedelte sie zugleich mit ihrem Verwandten, Abt Ulrich von Eppenstein, hierher, nachdem dieser von Heinrich IV. zum Patriarchen von Aquileia ernannt worden war. Wahrscheinlich gehörte auch die Burg zuvor den Eppensteinern, die in der Gegend über mehrere Besitztümer verfügten. Von der Terrasse über dem Fluss, auf dem die mächtige Burg einen idealen Standort hat, kontrollierten schon die Römer die Verkehrswege entlang des Tagliamento. Das Kastell wurde durch das Erdbeben 1976 arg beschädigt, später jedoch wieder sorgfältig instand gesetzt. Beeindruckend ist der Innenhof mit großflächigen Fresken an der Fassade. Sie stammen aus dem 15. Jahrhundert und wurden vermutlich von **Alvise di Spilimbergo** in Auftrag gegeben, anlässlich der ehelichen Verbindung seiner Familie mit dem Geschlecht der Altan aus San Vito al Tagliamento.

Wendet man sich von der Burg der Stadt zu, kommt man auf einen großen, offenen Platz mit einer Renaissanceloggia. Ihr gegenüber steht der alles beherrschende **Dom Santa Maria Assunta**, sicherlich das interessanteste Baudenkmal von Spilimbergo. Errichtet im 13. und 14. Jahrhundert als Stiftung der Familie Spengenberg, deren Angehörige in der Krypta beigesetzt sind. Übrigens entstammt dieser Familie auch eine berühmte Malerin, **Irene da Spilimbergo**, die bei Tizian studierte. Der Dom zählt zu den bedeutendsten gotischen Sakralbauten Friauls. Ein Bogenfries, das den ganzen Bau umrandet, gibt der massiven Form eine elegante Leichtigkeit. Im Inneren wird man überrascht durch die riesigen Ausmaße der lang gestreckten Halle, die in der Form einer Basilika gegliedert ist. Gotische Ornamentmalereien und Fresken aus dem 14. und 15. Jahrhundert zieren Wände und Pfeiler. Die Orgel aus dem 16. Jahrhundert wurde ebenfalls von den Spen-

Bemalte Fassade der Burg von Spilimbergo

genbergs in Auftrag gegeben, die Holzverkleidung von keinem Geringeren als Pordenone bemalt.

TIPPS

Touristeninformation Piazza Castello 7, www.prospilimbergo.org

Osteria da Afro, Via Umberto 14, Tel. +39 0427 2264

Ristorante La Torre, Piazza Castello, Tel. +39 0427 50555

Osteria Al Bachero, Via Pilacorte 6, Tel. +39 0427 2317

B & B La Macia House, Corsa Roma, Tel. +39 0427 50161

Von Turm zu Turm führt der Spaziergang durch die reizvolle Innenstadt, denn der alte, lang gezogene Stadtkern wird von zwei Tortürmen begrenzt, die durch die **Via Roma** verbunden sind. Venezianisch-gotische Palazzi und schöne Arkadengänge säumen die Straßen der Stadt, die nicht zuletzt durch die Seidenproduktion reich geworden war. Mehr noch als durch die Seide wurde Spilimbergo durch die Kunst der Mosaikgestaltung bekannt. Schon ab dem 17. Jahrhundert waren die Steinmetze und Fußbodenleger aus den Dörfern um Spilimbergo berühmt für ihr Handwerk. Mit der Zeit entwickelte sich eine Spezialisierung ihrer Arbeit auf komplexe Bodenmosaike, Arbeiten aus der Schule von Spilimbergo erlangten bald große Bekanntheit. Seit 1922 wird diese seit den Römern bekannte Technik in einer speziellen Mosaikschule vermittelt, einem Ausbildungszentrum, das die Kunstgattung neu belebt und Spilimbergo zur „Stadt der Mosaike" gemacht hat. Flughäfen, Universitäten, königliche Paläste und Kathedralen werden und wurden mit Kunstwerken aus dieser Werkstätte ausgeschmückt. Im Ausstellungsraum der Schule kann man einen Blick auf interessante Entwürfe und gediegene Arbeiten werfen.

Dom Spilimbergo

Kurz nach Spilimbergo führt eine Straße über die Brücke von **Dignano** nach Udine, wir setzen jedoch den Weg weiter nach Süden fort und erreichen die unscheinbaren Orte **Gradisca** und **Provesano**. Letzterer hat für Kunstinteressierte ein Highlight zu bieten: In der **Pfarrkirche San Lorenzo** nahe der Durchzugsstraße, also ohne nennenswerten Umweg, bekommt man Fresken des Malers **Gianfrancesco da Tolmezzo** zu sehen. Diese werden als seine wichtigsten und schönsten bezeichnet. In San Giorgio da Richinvelda führt eine Straße nach **Rauscedo** und zu einem außergewöhnlich großen Weinbaubetrieb, der 1951 begründeten Gemeinschaftskellerei **Cantina Rauscedo**. Die vielen riesigen Stahltanks, in denen alle möglichen Rebsorten vergoren und ausgebaut werden, erinnern eher an eine Chemiefabrik als an einen Weinbaubetrieb. Von beachtlichem Ausmaß sind auch die Plantagen, in denen Weinsetzlinge gezüchtet werden. An die 2000 Saisonarbeiter finden in dieser Rebschule Beschäftigung, um Setzlinge für den Versand in alle Welt vorzubereiten. Diese Anlage gehört zu den größten weltweit und hat auch eine Zweigstelle in den Vereinigten Staaten. Weiter im Westen liegen die botanisch hochinteressanten Magerwiesen.

Karnische Levkoje (links), Kugelblume

Die Magerwiesen

Von 200 Orchideen, die in Europa vorkommen, sind etwa 120 in Italien beheimatet, rund 20 davon findet man in den sogenannten **Magredi di Friuli**, den Magerwiesen Friauls. Sie liegen im nordwestlichen Teil der großen Ebene an der rechten Seite des Tagliamento in einem Bereich, in dem auch die Flüsse Meduna und Cellina ihre Sedimente ablagern. Ehemals wurden diese Flächen beweidet, heute stehen einige von ihnen unter besonderem Schutz. Es sind nährstoffarme Böden, die zu den artenreichsten Lebensräumen zählen. So können auf einem Quadratmeter Magerwiese über 50 Pflanzenarten vorkommen – ein wahres Paradies für **Grillen, Heuschrecken, Käfer, Spinnen** und passionierte Botaniker. Traditionelle Heilkräuter wie **Eisenkraut** oder **Tausendguldenkraut** sind hier ebenso zu Hause wie der betörend schöne, aber giftige **Färberginster**, der früher als Färberpflanze besonders gefragt war. Stark giftig ist die bläulich-grüne **Zypressen-Wolfsmilch**, man sollte sie lieber nicht anfassen, hingegen ist sie für die Raupen des schönen Wolfsmilchschwärmers die wichtigste Nahrungsquelle. Der Pflanzenkundige findet außerdem verschiedene **Minzenarten, Rispen-Flockenblume**, den **Blutweiderich**, die **Großblättrige Braunelle, Silber-Skabiose, Herzblättrige Kugelblume, Hügel-Meier, Leinkraut** und die weiß-rötlich blühende **Karnische Levkoje**.

Weiter im Süden bietet sich in **San Martino al Tagliamento** die Gelegenheit, ein bedeutendes Kunstwerk kennenzulernen. Das Altarbild der Kirche ist ein Hauptwerk des Pordenone-Schülers **Amalteo**, sein Meister hat sich an der Außenfassade gleich neben dem Portal mit einem hübschen Christophorus verewigt. Ebenfalls ein Schätzkästchen ist die kleine Kirche in **Arzenutto** am südlichen Ortsrand von San Martino. Die fantastischen Fresken zeigen Geschichten und Wunder aus dem Leben der heiligen Philipp und Jakobus.

Valvasone wäre ideal geeignet als Filmkulisse für eine Geschichte, die im Mittelalter angesiedelt ist, weil es im Zentrum der Stadt kaum Bauwerke neueren Datums gibt und nur einige wenige Details das einheitliche Ambiente stören. Was besonders beeindruckt, sind die zahlreichen gut erhaltenen Laubengänge. Eine bezaubernde Kleinstadt mit einem Schloss im Zentrum sowie eine Aneinanderreihung von Palästen, die sich innerhalb der alten kreisrunden Ringmauer erheben. Die im 13. Jahrhundert vom Patriarchen von Aquileia erbaute Burg wurde 1363 von österreichischen Truppen in Brand gesteckt und Anfang des 16. Jahrhunderts erneuert. Zu den prominentesten Besuchern Valvasones zählten immerhin zwei Päpste sowie Napoleon I., er soll nach der Schlacht am Tagliamento im weißen Zimmer logiert haben. Einer der Schlossherren, **Graf Erasmus von Valvasone**, gilt übrigens als einer der bedeutendsten friulanischen Dichter des 16. Jahrhunderts.

Dom von Valvasone

In den Schlosskomplex integriert ist ein kleines Theater aus dem 18. Jahrhundert, das man vor einigen Jahren restauriert hat, es bietet fünfzig Sitzplätze für kleine, erlesene Veranstaltungen. Hingegen ist im alten **Servitenkloster**, das ebenfalls aufwendig herausgeputzt wurde, jede Menge Platz für Feste und Feiern. Schon Tradition geworden ist ein jährliches Mittelalterfestival, bei dem die ganze Stadt als authentischer Hintergrund einer ausgelassenen Reise in die Vergangenheit fungiert.

Das Rad der alten Mühle im Zentrum ist wieder in Betrieb, im 15. und 16 Jahrhundert wurde hier das gesamte Getreide der Umgebung, in erster Linie Hirse, gemahlen. Den Tagliamento konnte man damals von Valvasone über einen Kanal auf dem Wasserweg erreichen.

TIPPS Valvasone

Touristeninformation Via Erasmo 1, Tel. +39 0434 898898

Hotel-Ristorante Alla Scala, Via Cesare Battisti 7, Tel.+ 39 0434 899552

Ristorante La Torre, Piazza Castello 11, Tel. +39 0434 899526, hervorragende Qualität bei moderaten Preisen

Die romanische **Chiesa dei Santi Pietro e Paolo**, errichtet auf den Resten eines Jupitertempels, war ehemals Teil eines Hospitals und ist nicht zuletzt ob ihrer großartigen Fresken von Interesse. Der neugotische **Dom Santo Corpo di Cristo** beherbergt ein außergewöhnlich schönes Beispiel venezianischer Orgelbaukunst aus dem 16. Jahrhundert. Das prächtige Instrument mit zwei von **Pordenone** kunstvoll bemalten Flügeltüren kommt bei den alljährlichen Orgelkonzerten zu Ehren.

Casarsa della Delizia und Pier Paolo Pasolini

Abgesehen vom Andenken an den berühmten Regisseur und Dichter Pier Paolo Pasolini hat die Stadt nicht sonderlich viel zu bieten. Das Haus seiner Mutter, die **Casa Colussi**, in dem er seine Jugend verbrachte, ist heute ein Pasolini-Museum, das *Centro studi Pier Paolo Pasolini*. Es bietet einen Überblick über jene Werke, die in Casarsa entstanden sind, und präsentiert den vor allem als Filmregisseur bekannten Künstler auch mit seinen Begabungen als Maler und Zeichner. Einige der Zimmer sind im Originalzustand, inklusive Mobiliar. Fotos zeigen Pasolini mit seiner Mutter, seinen Freunden, als Lehrer unter seinen Schülern und auch mit der berühmten Opernsängerin Maria Callas, mit der er in Freundschaft verbunden war und die ihn auch in seinem Elternhaus besuchte. Sie spielte die Hauptrolle in

Pasolins Film „Medea", der allerdings nicht besonders erfolgreich war. Ausgestellt sind außerdem seine handgeschriebenen provokanten politischen Manifeste, die er 1948 in der Loggia des Gemeindeamtes neben der Chiesa San Giovanni angeschlagen hatte.

Ein Folder mit einer Wegbeschreibung und der Einladung, die wichtigen Stationen Pasolinis in der Umgebung zu besuchen, führt von der Casa Colussi zu dieser Loggia und weiter nach dem Dörfchen **Versutta**, wohin er mit seiner Mutter während der Bombenangriffe im Zweiten Weltkrieg geflüchtet war. Hier lohnt sich der Besuch der **Chiesetta San Antonio Abate**, jener Kirche, in der Pasolini nach Anweisung eines befreundeten Restaurators die Fresken im Innenraum freigelegt hat. Der Rundweg endet wiederum in Casarsa, am Friedhof, wo er gemeinsam mit seiner Mutter beerdigt ist. Ob es diesem unscheinbaren Ort an der stark frequentierten Durchgangsstraße gelingt, mit dem Museum und Pasolinis Berühmtheit viele Touristen anzulocken, sei jedoch dahingestellt, lohnenswert ist dieser Exkurs allemal.

TIPPS Casarsa

Casa Colussi, Via G. Pasolini 4, www.centrostudipierpaolopasolini

Hotel-Ristorante Al Posta, Via Valvasone 12, Tel. +39 0434 870808

Pasolini und sein Tiliment

Neben seinem Engagement für die friulanische Sprache galt dem Tiliment, wie der Tagliamento darin heißt, Pasolinis besondere Zuneigung. Es war der Fluss, in dem er schwimmen gelernt hatte und an dem er viele Stunden mit seinen Freunden verbrachte. Während seiner Zeit in Casarsa und Versutta schrieb Pasolini seinen Roman „Amado Mio", ein Roman über die Liebe und Leidenschaft zwischen Männern. Weite Teile der Handlung sind am Ufer des Tagliamento angesiedelt, an dem sich die Burschen der umliegenden Dörfer zum Baden trafen: *„Die Biegung des Tagliamento glich einem Wespennest: In hunderterlei Farben blinkten die Unterhosen und Halstücher der Jungen in der Sonne. Nichts stand still: Selbst die Luft über dem Kiesbett flirrte, die angekohlten und entrindeten Akazien bewegten sich mit derselben Lebhaftigkeit wie die Jungen. Sowohl das Ufer als auch die Sandbank waren ein einziges Schlachtfeld, ein einziger Aufschrei."*

Sein Freund Nico Naldini erinnert sich in dem Buch: „In den Feldern Friauls – Die Jugend Pasolinis" an die täglichen Ausflüge im Sommer und war ebenso wie dieser von dem eigenwilligen Fluss fasziniert: *„Es ist ein seltsamer Fluss, sein ungeheures Kiesbett verliert sich gegen die bläulich violetten Berge hin, die zu gewissen Stunden des Tages immer blasser werden und sich in der heißen Luft auflösen. Nach Unwettern in den Bergen füllt sich sein Bett mit einer einzigen, trüben und reißenden Strömung, aber schon nach wenigen Tagen bleiben nur noch vereinzelte Wasserläufe zurück, auf denen wilde Weidenbüschel wachsen; und an verschiedenen Stellen bilden sich seichte Tümpel, die einen kaum merklichen Duft ausströmen. Nach ein paar Tagen bietet er wieder das gewohnte Bild einer Steinwüste. Es ist daher ein gewisses Unterfangen, in den Tagliamento baden zu gehen: wo er am Vortag noch einige Meter tief war ist tags darauf nur eine Pfütze."*

Tour 12
PINZANO–CASARSA DELLA DELIZIA

Länge: 40 km/50 Min.

Streckenverlauf: Straße durch die Ebene auf stark befahrenen Verkehrswegen

Stützpunkte: Spilimbergo, Provesano, Valvasone, Casarsa della Delizia

Besonderheiten: Altstadt von Spilimbergo mit Dom, mittelalterliches Ambiente von Valvasone, seltene Blumen auf Magerwiesen, Casarsa, die Stadt Pasolinis. Kleine Dorfkirchen am Weg mit kostbaren Fresken namhafter Künstler.

TOUR 13

VON **SAN DANIELE** NACH **SAN VITO AL TAGLIAMENTO**

Ehe man von San Daniele aufbricht, um den Tagliamento an seinem linken Ufer zu begleiten, sollte man noch ein wenig die bezaubernde Hügellandschaft rings um San Daniele durchstreifen. Wie der **Monte di Ragogna** im Nordwesten haben auch die Hügel im Südosten viel Schönes zu bieten. Besonders beeindruckend ist das Ambiente der mittelalterlichen Burg **Castello d'Arcano**, das leider, abgesehen vom „Tag der offenen Schlösser" („Castelli aperti", *www.consorziocastelli.it*) im Frühling und Herbst, nur auf Voranmeldung für Gruppen zu besichtigen ist. In einem Wirtschaftsgebäude der Anlage, die im 12. Jahrhundert auf den Fundamenten einer noch älteren Festung errichtet wurde, keltert man einen hervorragenden Biowein mit vernünftigen Verkaufspreisen.

Das linke Ufer bietet insgesamt mehr und bessere Möglichkeiten, mit dem Auto in die Nähe des Flusses zu gelangen, um in den Weiten der Kies- und Schotterfelder Wanderungen zu unternehmen oder auch, wie das im Sommer sehr viele tun, ein Bad in den kühlen Fluten zu genießen. Da sich das Wasser in mehrere Seitenarme ausbreitet, ist die Temperatur in den seichteren Bereichen mit langsamer Strömung durchaus angenehm, der Schotter im Untergrund zugleich eine gute Reflexmassage.

Biegt man in **Villanova** bei der Ampel nach rechts in die Via Zara ab, kommt man nach 900 Metern an einer Abzweigung nach links zu einer reizenden kleinen romanischen Kirche, der **Chiesetta San Giacomo Apostolo**, in einem ausgedehnten Wiesenareal. Sie liegt etwas erhöht und bietet somit schöne Blicke auf die weitläufige Flusslandschaft, die ihr zu Füßen liegt. Folgt man der Schotterstraße von der Abzweigung weiter nach Westen, erreicht man einen großen, offenen Platz am Ufer neben einem Wehr, das einen Teil des Flusses in einen Bewässerungskanal ableitet (Parkmöglichkeit). An der Uferböschung lässt es sich bequem den Tagliamento entlangspazieren. Im kühlen und sauerstoffreichen Tagliamento-Wasser werden in Villanova Forellen gezüchtet, die als „Königin von San Daniele" (Regina di San Daniele) in allen Feinkostläden und Rastaurants angeboten wird, entgrätet und geräuchert.

Weiter Richtung Süden passiert man **Carpacco** und erreicht nach etwa 5 Kilometern **Vidulis**. Um an den Fluss zu gelangen, nimmt man nach der Bar die **Via delle Rive** die zweite Straße nach rechts und fährt an einer Freizeitanlage vorbei zum Ufer. Hier kann man bequem parken, um ins weite Schotterfeld mit vielen, zum Teil beständigen und stark bewachsenen Inseln zu gelangen. Bei normalem Wasserstand bieten sich hier Möglichkeiten für ausgedehnte Wanderungen im Bereich des Tagliamento.

Lebensraum Gravons

Mit „Gravons" bezeichnet man den Uferbereich links und rechts des Flusses, der durch die landwirtschaftlich kultivierten Flächen begrenzt wird. Eine Zone, die im Lauf der Zeit schmäler geworden ist, weil die Mais- und Sojafelder sowie die Pappelplantagen immer näher an den Fluss heranrücken. Daher kann man das ursprüngliche Ambiente des Tagliamento, das für Jahrtausende bestimmend war, nur in wenigen Abschnitten wiederfinden. Es sind Landstriche, deren Wert man gar nicht hoch genug schätzen kann, denn das brachliegende Uferland der Gravons ist wichtiger Lebensraum seltener Vögel und Insekten und liefert ein gutes Beispiel für die Dynamik in der Pflanzenwelt, vor allem in Bezug auf den Austausch mediterraner, alpiner und orientalischer Gattungen.

Auffallend sind hier verschiedene Wolfsmilcharten, krautige Pflanzen oder Sträucher mit ätzendem, giftigem Milchsaft. Gelb blühend ist der **Klappertopf** (links), der so heißt, weil die Samen der reifen Früchte klappern, wenn sie bewegt werden. Blau-violett, purpur oder gelblich-weiß blühen in den Gravons die **Witwenblume** sowie die **Zweifärbige Flockenblu-**

Gravons

me, diese findet man vor allem im Schotterbereich, den Löwenzahn praktisch überall. Auch der **Geißklee**, ein ginsterartiger gelb blühender Strauch gedeiht hier gut, ebenso die **Istrianische Birkwurz**. Wer Glück hat, findet auch eine **Sibirische Glockenblume**, sie kann bis zu 40 Zentimeter hoch werden und hat blaue oder zartlila Glöckchen.

Quasi vis-à-vis von Vidulis liegt **Spilimbergo**. Das Flussbett ist hier beinahe 3 Kilometer breit. Vermutlich gab es an dieser Stelle vormals eine Furt, wie auch etwas weiter südlich in **Dignano**, ehe die Brücke errichtet wurde. Gegenüber der Bar „Da Rico" führt der Weg steil bergab zum **Canale La Vecchia Roia**. Er nimmt kurz nach San Daniele seinen Anfang und wurde seinerzeit errichtet, um Wasser aus dem Tagliamento für die Bewässerung der Felder abzuleiten. Zugleich konnte man dadurch die Dörfer vor Überschwemmungen schützen und die Trinkwasserversorgung sicherstellen. Geht man vom Kanal weiter Richtung Westen, erreicht man bald den Fluss und kann je nach Wasserstand entweder auf das sandig-lehmige Ufer hinabsteigen oder den Damm entlang bis zur Brücke spazieren. Die interessantere der beiden Kirchen von Dignano, **Santi Pietro e Paolo**, findet man beim Friedhof in der Nähe des *Campo sportivo*. Sie wird bereits im 9. Jahrhundert urkundlich erwähnt und weist an der rechten Innenmauer gotische Fresken auf, im Rippengewölbe des Chores Wandmalereien von **Giovanni Pietro da Spilimbergo** (1508).

Vier Kilometer weiter südlich liegt **Sant'Odorico**, ein Ort, der schon im Jahr 983 als Furt am Tagliamento erwähnt wird. Von der alten romanischen Kirche ist nur mehr die halbrunde Apsis erhalten, vier bedeutende Gemälde von **Nicola Grassi** werden heute im Diözesanmuseum von Udine aufbewahrt. Gleich neben der Kirche steht die schöne **Villa Marangoni Masolini**. Sie war ursprünglich ein Benediktinerkloster, leider kann man auf das Gebäude nur durch das Einfahrtstor einen Blick werfen.

In der Umgebung von **Sedegliano** fand man Zeugnisse sehr früher Besiedelung. Auf den Grundmauern der vom Patriarchen von Aquileia um 1250 erbauten Burg wurde, nach ihrer Zerstörung, der **Palazzo Birarda Manin** errichtet. Heute ist dort der Sitz des Gemeindeamtes.

Spuren einer der ältesten Burganlagen wurden im nahe gelegenen **Gradisca** ausgeforscht, das Gelände der ehemaligen Festung hat man schon vor Jahren in einen Spielplatz umgewandelt. Der Ort selbst ist eindrucksvoll, mit zahlreichen alten Bauten und einem kompakten Zentrum. Zwei Kilometer nordwestlich von Gradisca liegt **Rivis**. Hier wurden Siedlungsreste aus der Bronzezeit gefunden. Die historische Mühle, die immer noch funktionstüchtig ist, kann im Sommer besichtigt werden und ist Schauplatz verschiedener Veranstaltungen. Äußerst ansprechend restauriert ist die kleine Friedhofskirche **San Girolamo** mit schönen Fresken aus dem 15. Jahrhundert. Alljährlich feiert Rivis die traditionelle **Sagra delle rane** – das Fröschefest. Das Festmenü ist nicht jedermanns Sache, es werden unter anderem frittierte Frösche angeboten, von denen es in dieser Gegend besonders viele geben soll und die auch in einigen alten Volksliedern besungen werden.

Weiter Richtung Süden biegen wir an einer großen Kreuzung nach rechts ab, um den Tagliamento am **Ponte della Delizia** zu überqueren. (Schade nur, dass man von der langen Brücke aus kein Foto vom Fluss machen kann, es gibt hier, wie auf den meisten Brücken, keinen Gehsteig.)

Der Ponte della Delizia war übrigens die erste Brücke über den Tagliamento. Sie wurde 1809 unter Napoleon als Holzkonstruktion errichtet und später, wie viele ihrer Nachfolgebauten, immer wieder zerstört. Im Ers-

TIPP

Ostarie Vecjo Friul 1901, Rivis, stilvolle und gemütliche Räume, gute Küche! Bietet auch Zimmer mit Frühstück an, Tel. +39 0423 918387.

Palazzo Birarda Manin, Sedegliano

ten Weltkrieg haben sie italienische Soldaten im Jahr 1917 auf dem Rückzug gesprengt, um die nachrückenden österreichisch-deutschen Truppen zu blockieren.

Kurz nach der Brücke wenden wir uns bei der ersten Kreuzung nach links und erreichen nach 6 Kilometern San Vito al Tagliamento.

San Vito al Tagliamento

Man betritt die Stadt mit ihren 15 000 Einwohnern und ist vom mittelalterlich-venezianischen Charme sofort gefangen genommen. Sie hat sich im Laufe der Jahrhunderte vom Bauerndorf zur modernen Industriestadt entwickelt. Beherrscht wird San Vito vom mächtigen Dom und seinem alles überragenden Campanile an der Stirnseite der **Piazza del Popolo**. Während der Turm erhalten geblieben ist, wurde der dazugehörige Dom im 18. Jahrhundert neu errichtet. In schlichter Eleganz, wie es für venezianische Bauten dieser Zeit typisch war, und stattlichen Ausmaßen, die vor allem im Inneren des Doms deutlich werden.

Torre Raimonda, San Vito al Tagliamento

Sehenswert ist das in unmittelbarer Nähe liegende alte Hospiz mit der angebauten Kirche **Santa Maria dei Batutti** aus dem 15. Jahrhundert mit Fresken von **Pomponio Amalteo**. Der Gebäudekomplex mit dem entzückenden Innenhof wird heute für Ausstellungen und Festlichkeiten genutzt. Die kleine Kirche **Santa Maria di Castello** (dell'Annunziata) mit den heiligen Christophorus und Vitus an der Außenfassade war einst die Privatkapelle der Patriarchen. Sie ist im Inneren mit wunderbaren Fresken des 14. Jahrhunderts ausgestattet. Ähnliche qualitätsvolle Wandmalereien beherbergt auch der Patriarchenpalazzo. Im Raimonda-Turm, im Westen der Piazza del Popolo und somit im Zentrum der Stadt, ist das **Museo Civico** untergebracht. Zu sehen sind Funde aus prähistorischer Zeit sowie Kunstwerke aus dem Mittelalter und der Renaissance. In der **Loggia Pubblica**, in jenem Haus, in dem heute das Tourismusbüro untergebracht ist, kann man ein hübsches kleines Theater aus dem 17. Jahrhundert besichtigen.

TIPPS San Vito

Touristeninformation Piazza del Popolo, Tel. +39 0434 80251

Ostarie Furlane, Via Bellunello 12 B, Tel. +39 0434 833961

Die Seidenraupen

San Vito mit seinen unzähligen Maulbeerbäumen war vor allem für die Seidenproduktion berühmt. Durch ein Dekret der Republik Venedig erhielten die Bauern 1740 die Erlaubnis, Maulbeerbäume zu pflanzen und Seidenkokons an die Spinnereien zu liefern. Die Nahrung für Seidenraupen, die Larven des Seidenspinners, besteht ausschließlich aus frischen Maulbeerbaumblättern. Aus dem Kokon gewinnt man die einzige in der Natur vorkommende textile Endlosfaser. Sie besteht hauptsächlich aus Protein und kann bis zu 1 000 Meter lang sein. Die Raupenzucht war ein wichtiges Nebeneinkommen für die Bauern der Region. Zu diesem Zweck mussten die Bauernhöfe umgerüstet werden. In eigens dafür konstruierten Holzregalen wurden die Blätter und dazu die Raupen ausgelegt. Nach zirka einem Monat und vier Häutungen begannen sie, sich einzuspinnen. Die Kokons, *bozzoli* genannt, wurden an die Spinnereien

verkauft. Dort hat man die Tiere im heißen Wasser getötet und in mühsamer Arbeit die Seidenfäden des Kokons aufgespult. Hunderte solcher Spinnereien sind in dieser Gegend entstanden, in San Vito befand sich eine der größten. Bis 1960 lief das Geschäft prächtig. Dann breitete sich eine Raupenkrankheit aus, die man nicht mehr in den Griff bekam, zudem wurde die Herstellung von Kunstseide immer populärer, was schließlich der hiesigen Seidenproduktion den Garaus machte. Das Holz der Maulbeerbäume war übrigens ideal für den bäuerlichen Herd, den *fogolar*, weil es fast kein Harz enthält.

Die Furt von Dignano

TIPP

Wie Seide gewonnen wurde, wird im *Museo Provinciale della Vita Contadina* anschaulich dargestellt. Auch die Geschichte des Weinbaus, die Käseherstellung sowie bäuerliche Gerätschaften und Einrichtungsgegenstände werden in diesem Museum im Palazzo Altan in San Vito bei freiem Eintritt präsentiert. Tel. +39 0434 833275

Bleibt man am rechten Ufer und fährt weiter Richtung Morsano, ist man zwar in der Nähe des Tagliamento, kann jedoch vom Fluss selbst nichts sehen und ihm mit dem Auto auch kaum näher kommen. An der Außenfassade der **Kirche Santo Stefano** von **Gleris** ist der heilige Christophorus zu bewundern. Weitere interessante Fresken der Renaissance und Gemälde von **Andrea Bellunello**, unter anderem das „Letzte Abendmahl" und ein Bild, das den heiligen Gotthard darstellt, findet man im Inneren. Wer für schöne Fresken etwas übrig hat, sollte auch im kleinen Ort Saletto haltmachen. Gleich am Ortsbeginn in der Kirche, die den **Aposteln Petrus und Paulus** gewidmet ist. Die Präzision und Lebendigkeit der Gemälde im Inneren ist bemerkenswert, an der Außenfassade sieht man Reste eines Freskos, das den heiligen Christophorus darstellt, er trägt das Gotteskind bezeichnenderweise durch eine Furt.

In **Morsano al Tagliamento** ist wieder einmal die kleinere Kirche die interessantere, ein schönes Renaissancefresko zeigt die Madonna mit dem Kind zwischen den heiligen Rochus und Sebastian. Ansonsten hat der Ort nicht viel Interessantes zu bieten. Dasselbe gilt auch für **San Giorgio al Tagliamento**, 11 Kilometer weiter und ganz knapp vor Latisana. Wer möchte, kann auch schon 2 Kilometer nach Morsano auf die Schnellstraße auffahren, ans linke Ufer wechseln und bei **Varmo** in die Tour 14 einsteigen.

Tagliamento bei Dignano

Tour 13
SAN DANIELE–SAN VITO AL TAGLIAMENTO

Länge: 38 km/50 Min.

Streckenverlauf: Am linken Ufer durch die Ebene, mehrere Möglichkeiten, an den Fluss zu gelangen, über Ponte della Delizia ans rechte Ufer.

Stützpunkte: Dignano, Rivis, San Vito al Tagliamento

Besonderheiten: Gelegenheiten zur Erkundung von Uferbereichen und Vegetation. Abstecher zum Castello d'Arcano, Altstadt von San Vito.

TOUR 14

ÜBER **CODROIPO** NACH **LATISANA**

Jeden Dienstag ist Wochenmarkt am lang gestreckten Hauptplatz von **Codroipo**, das seit Jahrhunderten als Handelszentrum in dieser fruchtbaren Ebene bekannt ist. Eine Stadt ohne besonderen Liebreiz, aber dennoch nicht unbedeutend, vor allem wegen der Nähe zur majestätischen und weithin bekannten **Villa Manin**, wenige Kilometer südöstlich von Codroipo. Die riesige und prunkvolle Residenz mit dem weitläufigen Park ist ein Muss für jeden Friaul-Besucher. An ihrer Stirnseite öffnet sich ein riesiger zweigeteilter Hof, der von den ehemaligen Stallungen, einem dem Hauptgebäude gegenüberliegenden halbrunden Gebäudekomplex, begrenzt wird. Die Wirtschaftsgebäude mit den hohen Laubengängen wurden erst vor Kurzem aufwendig restauriert. Alles in allem ein imposantes Beispiel venezianischer Villenarchitektur, erbaut in der ersten Hälfte des 18. Jahrhunderts. Im Park finden sich botanische Raritäten aus aller Welt und dem damaligen Zeitgeschmack entsprechend ein Teich, mehrere Brunnen sowie Statuen und Figuren aus der griechischen Mythologie. Etwas zurückhaltender ist die Innenausstattung, woraus man schließen kann, dass die Villa der Familie Manin in erster Linie für opulente Festlichkeiten und weniger als ständiger Wohnsitz diente. „Sie ist für einen Grafen zu groß und für einen König zu klein", urteilte Napoleon, der hier nach der

Villa Manin

siegreichen Schlacht am Tagliamento logierte. Hier brüskierte er die österreichische Delegation, die erschienen war, um den Friedensvertrag von Campoformido zu unterzeichnen. Sie mussten stundenlang warten, ehe sie um ein Uhr nachts schließlich empfangen wurden.

Heute ist das „Centro d'Arte Contemporanea" bemüht, die Hallen der weitläufigen Anlage mit Ausstellungen moderner Kunst zu beleben. Darüber hinaus beherbergt die Villa eine Reihe von Kulturveranstaltungen rund um Theater, Film, Fotografie und Musik. Stars wie R.E.M., Andrea Bocelli oder Pat Metheny waren hier zu Gast.

Parco delle Risorgive

Im **Parco delle Risorgive** einige Kilometer südlich der Villa Manin lässt sich das Phänomen der vielen Quellen in der sogenannten Fontanili-Zone gut beobachten – Wasser, das urplötzlich aus dem Boden auftaucht und zum großen Teil aus dem Tagliamento stammt. Es kommt hier, bedingt durch lehmigen Untergrund, wieder als Quelle an die Oberfläche und bildet kleine Rinnsale und Bäche. Ein Spaziergang durch den Wald in diesem märchenhaften Areal ist sicher eine hervorragende Entspannungsübung. Man muss sich dabei vor Augen halten, dass früher einmal weite Gebiete so ausgesehen haben, ehe man die Gegend urbar gemacht hat.

Auf der Suche nach weiteren venezianischen Villen finden wir in **Gorizzo**, 3 Kilometer südwestlich der Villa Manin, das feudale Herrenhaus der Familie **Colloredo-Mels** und noch einige Kilometer weiter südöstlich neben dem Dorf **San Martino** die **Villa Kechler** inmitten eines riesigen Gartens. In den Stallungen des Anwesens werden heute historische Kutschen zur Schau gestellt. Auch in **Muscletto**, etwas weiter südlich, finden wir eine prächtige Villa der Familie Colloredo-Mels, deren feudaler Stil durch zwei Türme verstärkt wurde.

Was auffällt, ist, dass auch hier, wie in Rauscedo, riesige Flächen für den Anbau von Weinsetzlingen genutzt werden. Die jungen Weinstöcke holt man maschinell

Varmo, Villa Canciani-Florio

aus dem Boden und verschickt sie in alle Welt. Ansonsten wird hier wie überall in dieser Region kaum Getreide, sondern hauptsächlich Mais oder Soja angebaut. Diese beiden Pflanzen, die hauptsächlich als Tierfutter verwendet werden, bringen weit höhere Erträge als Getreide und haben dieses im Anbau weitgehend verdrängt.

Von Gorizzo aus erreicht man auf kurzem Wege **Camino al Tagliamento**, einen ruhigen Ort mit etwa 1 600 Einwohnern. Die Gebäude haben teils ländlichen, teils urbanen Charakter. Einige der Villen sind zwischen dem 16. und dem 18. Jahrhundert entstanden und gehörten ehemals reichen Landbesitzern und Gutsherren, herausragendes Beispiel ist der **Palazzo Savorgnan-Minciotti**. Der Ort wurde im 9. Jahrhundert von den Ungarn zerstört und später – wie die Nachbarorte Glaunicco, Gorizzo und Straccis – um das Jahr 1000, auf Betreiben des Patriarchen von Aquileia, von slawischen Einwanderern besiedelt, um den fruchtbaren Boden zu kultivieren. Die älteste der Kirchen dieser Gegend, **Pieve di Rosa**, nahe dem Fluss gelegen, wird als Taufkirche bereits im 13. Jahrhundert erwähnt.

Von Camino aus ist in ein paar Minuten **Glaunicco** zu erreichen. Der Ort mit der legendären alten Mühle liegt am bezaubernden Flüsschen Varmo, übrigens der letzte Nebenfluss des Tagliamento vor dessen Mündung ins Meer. Im Park an der Mühle hinter dem „Ristorante Al Mulino“ kann man den Varmo und zwei alte Mühlräder besichtigen.

Herausragendes Objekt der Ortschaft **Straccis**, etwas weiter südlich, ist der **Palazzo Lucardi**, die **Kirche San Andrea** beherbergt eine beeindruckende Marienstatue aus dem 15. Jahrhundert. Nicht weit entfernt liegt **Belgrado**, ein Ort, der wiederum einen bequemen Zugang zum Tagliamento erlaubt. Man biegt von der

SP 93 vor der Brücke über den Varmo in die **Via dei Savorgnan** und landet auf einer breiten Schotterstraße direkt an einer Abbruchkante, hinter der sich die Flusslandschaft des Tagliamento öffnet.

In der Pfarrkirche von **Varmo** ist ein weithin gerühmtes Triptychon, ein Meisterwerk von **Pordenone**, am Altar zu bewundern. Herausragend unter den Herrschaftshäusern ist die **Villa Canciani-Florio**. Richtung Süden erreicht man über die beiden kleinen und unbedeutenden Orte Mandrisio und Canussio die herrschaftliche **Villa Kechler** an der Straße bei **Fraforeano**. Als Freund der Familie war Ernest Hemingway in diesem noblen Anwesen des Öfteren zu Gast. Auch wenn das Portal und die Umzäunung nur einen begrenzten Blick auf die Anlage mit der zur Blütezeit besonders prächtigen Glyzinie an der Vorderfront freigeben, ist das Ensemble beeindruckend. Vor allem der fantastische Park ist in seiner Art einmalig, auch wenn er ein wenig vernachlässigt wirkt. Er wurde im 19. Jahrhundert von dem bedeutendsten Gartenarchitekten der Region, **Antonio Japelli**, angelegt.

Wenige Kilometer südlich von Madrisio ändert der Tagliamento sein Erscheinungsbild. Spätestens bei der Autobahnbrücke ist die Schotterwelt des Tagliamento zu Ende. Die Fließge-

TIPP

Geschichten von Ippolito Nievo über Glaunicco und die Mühle findet man in seinen sogenannten Dorfgeschichten „Am Ufer des Varmo". Darin beschreibt er die herbe Schönheit Friauls und stellt dem idyllischen Leben auf dem Lande die Dekadenz des Adels gegenüber. Er erzählt von der Lebensgeschichte zweier Müllerskinder und ihren wilden Spielen am Flussufer.

Eine alte Mühle am Varmo existiert auch noch in der kleinen Ortschaft Gradiscutta.

Fraforeano – Villa Kechler

schwindigkeit nimmt ab und der Fluss konzentriert sich auf einen einzigen Arm und macht viele zum Teil enge Kurven und Bögen, ehe er bei Lignano das Meer erreicht. Über **Ronchis** und **Latisanotta** gelangt man nach 8 Kilometern in die Stadt Latisana.

Latisana

Die Stadt mit rund 15 000 Einwohnern ist die letzte größere Ansiedlung vor der rund 20 Kilometer entfernten Mündung des Tagliamento in die Adria zwischen Lignano und Bibione. In der Antike an der *Via Annia* gelegen, betrieben die Römer hier vermutlich eine Fähre über den Fluss, auf jeden Fall gab es die *Mutatio Apicilia*, eine Raststation, mit der Möglichkeit die Pferde zu wechseln. Der *Portus Latisanae* war ein bedeutender Hafen zur Zeit der Patriarchen von Aquileia und der Grafen von Görz. An der heutigen **Piazza Indipendenza** war der Umschlagplatz für Waren, die mit dem Schiff befördert wurden. Hier gab es einst auch viele Quartiere, unter anderem für Pilger, die nach Jerusalem unterwegs waren. Im Zweiten Weltkrieg durch Bombenangriffe völlig zerstört, wurde Latisana zwei Jahrzehnte später von katastrophalen Überschwemmungen heimgesucht, und zwar in den Jahren 1965 und 1966. Steht man auf der hohen Böschungsmauer im Westen der Stadt und blickt auf den träge dahinfließenden Tagliamento, würde man ihm diese explosive Kraft niemals zutrauen. Eine Zeit lang hat die Stadt von der rasanten Entwicklung Lignanos profitiert, heute aber scheint sie eher in deren Schatten zu stehen. Dennoch präsentiert sich Latisana als sympathisches Städtchen und lebendiges Industrie- und Handelszentrum.

TIPPS Latisana

Ristorante Bella Venezia, Via del Marinaio 3, Tel. +39 0431 50216, bietet vorwiegend Fischgerichte.

Osteria da Mario, Via la Rotta, Tel. +39 0431 520674

Das lang gestreckte Zentrum der Stadt mit einigen wenigen gut erhaltenen Altbauten ist heute Fußgängerzone. Hier findet jeden Mittwoch der Wochenmarkt statt.

Ein Blick in die mächtige **Domkirche San Giovanni Battista** lohnt sich, um ein prächtiges Tafelbild der Taufe Christi vom Venezianer **Paolo Veronese** zu sehen. Es symbolisiert die Vereinigung von Natur und Mensch sowie von Himmel und Erde und stammt aus dem 16. Jahrhundert, der Blütezeit von Latisana.

Tour 14
CODROIPO–LATISANA

Länge: 40 km/60 Min.

Streckenverlauf: Regionalstraßen, kleine Ortschaften, am linken Ufer

Stützpunkte: Villa Manin, Camino al Tagliamento, Glaunicco, Belgrado, Varmo, Latisana

Besonderheiten: Schöne Villen der Familien Kechler, Colloredo-Mels, imposante Villa Manin nahe dem Park mit vielen Quellen. Mühlen am Flüsschen Varmo.

TOUR 15

DIE **LETZTEN KILOMETER** BIS ZUM MEER

Ein Problem für Latisana und die Umgebung waren stets die weitläufigen Sumpfgebiete in dieser Region, vor allem südlich der Stadt bis hin zum Meer. Erst Ende des 19. Jahrhunderts wurde ein Gesetz geschaffen, das den Zusammenschluss von Gemeinden und privaten Grundbesitzern erlaubte und es ermöglichte, Arbeiten zur Entwässerung der Gebiete gemeinsam durchzuführen und damit die Kosten zu teilen. Erst danach konnte man die hydraulische Entwässerung, durch windbetriebene Pumpen und durch ein Netz von Kanälen und Dämmen in Angriff nehmen. Bis dahin hatte das Gebiet keinen speziellen Namen, man nannte es einfach „la bassa" und bezeichnete damit eine trostlose Gegend, in der die Malaria regierte. Die Gegend von Latisana bis zu den Stränden war zu jener Zeit voller Gestrüpp, sumpfig oder sandig und kaum besiedelt.

Von Latisana hat man die Möglichkeit, den Tagliamento auf seiner rechten oder linken Seite zu begleiten. Beide Varianten bieten, so man die kleinen Nebenstraßen wählt, da und dort schöne Ausblicke auf den Fluss und die Möglichkeit, ein stimmiges Foto zu ergattern, allerdings ist der Lauf nunmehr konzentriert auf ein schmäleres Flussbett, das an beiden Ufern durch hohe Böschungen reguliert ist. Um Schäden durch Hochwasser zu verhindern, hat man zusätzlich an beiden Seiten Dämme errichtet, die dem Fluss kontrollierte Überflutungen erlauben. Auf dem Kamm dieser Dämme führen breite Wege den Windungen des Flusses folgend Richtung Süden. Sie bieten überdies Gelegenheit für ausgedehnte Spaziergänge, Wanderungen oder Radtouren (eine entsprechende Route ist ausgeschildert).

Die Gegend mit ihren kleinen Ortschaften wirkt im Vergleich zu jener, die wir etwas weiter nördlich passiert haben, ärmlich, zum Teil verlassen und ungepflegt.

An der rechten Seite des Tagliamento bewegen wir uns nun bereits in der Region Venetien, denn der Fluss bildet die Grenze zu Friaul. Am linken Flussufer sind wir in der Provinz Udine unterwegs. Wir überqueren alsbald den Kanal von Bevazza-

Canale di Bevazzana

na, der einst für die Schifffahrt von großer Bedeutung war, als der Warenverkehr am Tagliamento und der Holztransport nach Venedig ihre Blüte erlebten.

Lignano

Dünen, Sümpfe, Wälder, salzige Wiesen und eine eher feindliche Natur mit Wölfen, Stechmücken und Malaria umgaben die ersten Siedlungen auf dieser lang gezogenen Halbinsel. Bis ins 19. Jahrhundert war der Bereich von Bibione und Lignano eine unwirtliche Gegend, in der sich Fischer, Flößer und einige Bauern vor allem am Ufer des Tagliamento und am Lido niederließen. Auf dem Landweg nach Lignano zu gelangen, war ein schwieriges Unterfangen. Sumpfige Felder und ein großer Brackwassersee zwischen Tagliamento, Latisana und Lignano stellten große Hindernisse dar. Außer dem Wasserweg existierten so gut wie keine ordentlichen Straßenverbindungen. Noch im Sommer 1904, dem Jahr der Eröffnung der ersten Badesaison in Lignano, mussten die Gäste zunächst mit dem Zug bis **San Giorgio di Nogaro** anreisen, wurden anschließend nach **Marano** befördert und mit dem Dampfer über die Lagune nach **Lignano Sabbiadoro** gebracht. Drei Jahre später übersiedelte die Direktion der Badeanlagen von Marano nach Latisa-

Altes Stadthaus in Lignano Sabbiadoro

na. Weil Lignano zunächst nur über das Meer zu erreichen war, entstanden die ersten Ansiedlungen und Badeanlagen an der östlichsten Spitze der Halbinsel, um sich in den darauffolgenden Jahren nach Südwesten bis hin zum Tagliamento auszudehnen. Die erste Straße, die gebaut wurde, verband die Lagune ungefähr auf der Höhe des heutigen Jachthafens mit dem offenen Meer, eine zweite verlief parallel zum Meer. Zwischen 1903 und 1910 entstanden um diese zwei Straßen die ersten Hotels und Villen. In den 1920er-und 1930er-Jahren wurden Sammelkanäle gebaut, um breite sumpfige Gebiete im Inneren der Halbinsel trockenzulegen.

Eine kühne Idee der Stadtplanung wurde in der Nachkriegszeit in **Lignano Pineta** realisiert. Nach dem Konzept des aus Udine stammenden Architekten **Marcello d'Olivo** wurden die Straßen ausgehend vom Zentrum spiralförmig angelegt, analog dazu die Grundstücke strahlenförmig parzelliert. Aus der Vogelperspektive ergibt dies die Form einer riesigen Schnecke. Diese eigenartige Struktur war weniger auf die Fußgänger, sondern vielmehr auf einen reibungslosen Verkehrsfluss abgestimmt, was ganz dem Zeitgeist der 1950er-Jahre entsprach. Wichtig war gleich-

Strand-Alant (links) und Strandflieder

Tagliamento kurz vor der Mündung ins Meer

zeitig, dass der Pinienwald erhalten blieb, der später zum dominierenden Element von Pineta wurde.

Heute hat Lignano alles zu bieten, was das Urlauberherz begehrt: kilometerlange Sandstrände, Promenaden, jede Menge Geschäfte, einen Wasservergnügungspark, einen Zoo, den Jachthafen und natürlich eine große Golfanlage.

Die Mündung des Tagliamento ist ein schöner Abschluss einer Erkundungsreise von der Quelle bis zum offenen Meer. Der Uferbereich ist in Lignano erst knapp vor der Mündung gut zu erreichen, die Pflanzenwelt kann man besser von **Bibione** aus erkunden. Wer hier unterwegs ist, wird zwangsläufig dem Pfahlrohr begegnen, das unter dem Namen **Riesenschilf** geläufig und für Schattendächer und Windschutzzäune geeignet ist. Blasmusiker werden wissen, dass man daraus Blätter für Fagott und Klarinette fertigen kann. Der **Schwarzfrüchtige Zweizahn**, krautig und verzweigt mit purpurrotem Stängel, kann im Schilf bis zu drei Meter hoch werden. Sehr wohl fühlt sich hier das **Ravenna-Schilf**, es erreicht Wuchshöhen von einem Meter. Auf den Salzwiesen, den Gebieten, die regelmäßig vom Meer überschwemmt werden, gedeihen **Salicornia**, ein geschätztes Wildgemüse, **Meerstrand-Binse** und **Strand-Alant**, eine auffallend gelb blühende Pflanze.

Häufig begegnet man der „Seemannsbraut", dem **Strandflieder**, auch Meerlavendel genannt, eine hübsche, krautige blau oder weiß blühende Pflanze.

In den Sümpfen und Teichen, die den Fluss begleiten, fühlt sich eine Verwandte der Ringelnatter, die **Würfelnatter**, in ihrem Element. Sie ist ungiftig und verspeist am liebsten kleine Fische. Da und dort begegnet man der gemütlich dahinkrabbelnden **Griechischen Landschildkröte**.

Hätte der Tagliamento nicht über Jahrtausende feinsten Sand ins Meer gespült und das Meer diesen durch seine Strömung verfrachtet, gäbe es keine Lagunen und keinen Lido, weder in Bibione noch in Lignano, und auch keinen goldenen Sandstrand – *Sabbiadoro*. „Alles fließt und alles wandelt sich", dieses Zitat des griechischen Philosophen Heraklit findet auch hier seine Bestätigung, denn die Meeresströmung formt und verändert ständig die Gestalt der von ihr geschaffenen Landschaft, derzeit vor allem die Küste im westlichen Bereich, von Bibione bis auf die Höhe von Jesolo.

Meerstrand-Binse

Wo zwischen dem Leuchturm von Bibione und Lignano-Riviera der breite und majestätische Strom eins wird mit dem offenen Meer, sich mit ihm versöhnlich verbindet, kommt einem das Wort „angekommen" in den Sinn. Man bekommt Lust, hier zu verweilen und die Stimmung zu genießen. Eine Atmosphäre, die zu jeder Tages- und Jahreszeit eine angenehme Ruhe ausstrahlt. Boote, die über den Fluss ins Meer fahren, Angelruten, die von Fischern einfach in den Sand gesteckt werden, und der breite Fluss, der friedlich und entspannt an sein Ende gelangt. Ein Ende, an dem er schon nicht mehr ganz Fluss ist, aber auch noch nicht ganz Meer.

TIPPS Lignano

An Hotels in allen Kategorien gibt es wahrlich keinen Mangel, einige sind sogar ganzjährig geöffnet, eines davon, das als Basisstation der Recherchen gedient hat, kann ich sehr empfehlen:

Hotel Daniele, Corso degli Alisei 28/30, Tel. +39 04 31427166. Sehr gutes Frühstück!

Pizzeria Ristorante Al Parco da Antonia e Sonia, Lignano Sabbiadoro, Tel. +39 0431 73185.

Hemingway, Lignano und der Tagliamento

Neben Pier Paolo Pasolini hatte auch der Schriftsteller und Nobelpreisträger Ernest Hemingway eine enge Beziehung zum Tagliamento. Friaul und Venetien wurden gewissermaßen zu seiner Schicksalslandschaft. Er wurde im Juli 1918 während des Ersten Weltkriegs beim Fronteinsatz am Piave durch eine Granate schwer verletzt und kam nach dem Krieg immer wieder hierher zurück. In den Sümpfen des Tagliamento hat er nach Enten gejagt und am Tagliamento seinen weltberühmten Roman „Über den Fluss und in die Wälder" geschrieben. Der Fluss

im Roman ist der Tagliamento, der damit Eingang in die Weltliteratur gefunden hat. Das Buch, das 1950 erschien, erzählt die Geschichte von der letzten Liebe und vom Tod eines amerikanischen Offiziers, mit dem sich Hemingway stark identifizierte. Auch in dem Roman „In einem anderen Land" spielt eine Szene am Tagliamento, wo sich der Held durch einen kühnen Sprung in dessen eiskalte Fluten vor einer standrechtlichen Erschießung retten kann.

In Lignano hält man die Erinnerung an den bedeutenden Schriftsteller in großen Ehren. Oft wird hier Hemingways Ausspruch bei seinem ersten Besuch zitiert: „Hier ist das ‚Florida Italiens'." Nach ihm ist seit 1984 ein Park in Lignano-Pineta benannt, ebenso ein Literaturpreis, der alljährlich in Lignano-Sabbiadoro vergeben wird. Zu den Personen, die mit ihm in Verbindung standen, gehört in erster Linie die Familie Kechler, die den Schriftsteller während seiner verschiedenen Italien-Aufenthalte in ihren Villen beherbergte.

Tour 15
LATISANA–LIGNANO

Länge: 25 km/40 Min. (auf kleinen Straßen am Fluss entsprechend länger)

Streckenverlauf: Verkehrsreich (vor allem im Sommer) die kürzeren und geraden Verbindungen links oder rechts des Flusses. Tagliamento am ehesten vom Damm zu sehen, aber nicht ganz leicht zu erreichen.

Besonderheiten: Radwege auf Dämmen für Spaziergänge oder Wanderungen geeignet, beeindruckender Mündungsbereich am rechten (Bibione) und am linken Ufer (Lignano Riviera)

NOTIZEN
ZUR **GESCHICHTE FRIAULS**

Von Fred Feuerstein bis Asterix

Nach dem Rückzug der Gletscher der letzten Eiszeit streiften bald schon die ersten Jäger der ausgehenden Steinzeit durch Friaul, suchten vor rund 12000 Jahren auch in der Höhle Grotte Verdi bei Pradis unweit von Forgaria Unterschlupf. Mit der zunehmenden Bewaldung wurden die Flüsse zur Straße der Nomaden. Über den Tagliamento und dessen Nebenflüsse gelangten die Jäger über Jahrtausende von den Winterlagern in der Ebene Friauls in die vielfach – und unter anderem am Nassfeldpass – nachgewiesenen Sommerlager in den Julischen und Karnischen Alpen, wo sie Steinböcken, Gämsen und Murmeltieren nachstellten. Aus Feuerstein fertigten sie die Spitzen ihrer Waffen und Werkzeuge, ganz so wie die „Genossen" von Fred Feuerstein.

Sesshaft geworden, zeichnen sich mit der Jungsteinzeit **vor rund 6500 Jahren** Kulturbeziehungen zu den oberitalischen Kulturen wie auch zum Donauraum und ins Alpeninnere ab, eine „Mittlerrolle", die Friaul bis heute prägt. Bei zunehmend dichter werdender Besiedlung entstanden im Laufe der ausgehenden Bronze- und während der Eisenzeit auch wehrhafte Siedlungen auf Anhöhen, der neue Reichtum der Elite fußte auf dem blühenden Bergbau. Mit der Ausbildung der mediterran geprägten Kultur der alten Veneter **vor 3000 Jahren**, die bis an die Livenza reichte, fanden mit der entwickelten Eisenzeit Schrift und bildliche Darstellung Einzug in Friaul. Deren kultureller Einfluss auf Friaul wurde von den Kelten, also „Kollegen" von Asterix und Obelix, abgelöst, die im **3. Jahrhundert vor Chr.** die Herrschaft übernahmen und als „Karner" für den Norden bis heute namengebend geblieben sind. Der Versuch „transalpiner Kelten", sich niederzulassen, führte im 2. Jahrhundert vor Christus, als Rom bereits die dominante Macht in Oberitalien war, zur Gründung von Aquileia.

Rom und das frühe Christentum

Die Hafenstadt am Ausgangspunkt der Bernsteinstraße hin zur Donau sowie der Argonautenstraße nach Griechenland, deren Besiedlung nur zögernd einsetzen wollte, sollte eine außergewöhnliche Blüte erfahren. Aquileia war im 4. Jahrhundert die viertgrößte Stadt Italiens und die neuntgrößte im Römischen Reich. Die Römer bauten das Straßennetz großzügig aus und erschlossen über die heute so genannte *Via Iulia Augusta* einen direkten Weg nach Salzburg (Iuvavum) über die Alpen, von Iulium Carnicum (Zuglio) über den Plöckenpass und Aguntum (Nußdorf bei Lienz) übers Hochtor; eine befahrbare Straße erschloss das Kanaltal – mit dem Grenzort Chiusaforte (Larix) – und führte über Tarvis und Villach nach Virunum (Zollfeld) und weiter an die Donau. Römische Wurzeln lassen sich an archäologischen Funden, aber auch an Ortsnamen erkennen, etwa wenn diese auf -ano enden wie Cervignano oder Magnano.

Wesentlich an der Ausbreitung der römischen Kultur auch in Friaul beteiligt, kam Aquileia eine besondere Rolle in der Verbreitung des Christentums zu; der Bischof und Märtyrer Hermagoras soll vom heiligen Markus eingesetzt worden sein. Um die Mitte des 6. Jahrhunderts erscheint erstmals der Patriarch von Aquileia in der schriftlichen Überlieferung, eines der ihm unterstellten Bistümer hatte in Iulium Carnicum seinen Sitz. Die Patriarchen mussten in der Folge wiederholt ihren Sitz wechseln, von Grado über Cormòns, Cividale und Venedig bis nach Udine.

Friaul als Einfallspforte nach Italien

Die Straßen wurden während der Völkerwanderungszeit gewissermaßen zum Bumerang, als die Markomannen (um 170), die Hunnen unter Attila (452) oder die Ostgoten unter Theoderich (489) in Italien einfielen, später die Langobarden unter Albuin (568). Die „Langbärte" errichteten zum Schutz der Außengrenze in Friaul ein starkes Herzogtum mit Sitz in Cividale (Forum Iulii). Der „langobardische Limes" war ein keilförmiges System aus sieben Festungen. Er verband die Städte Nimis, Cormòns, Osoppo, Artegna, Ragogna und Invillino, ob auch die Festung *(castrum)* am Hoischhügel bei Thörl-Maglern unweit von Tarvis dazugehörte, wird diskutiert.

Als einzigartig gilt die typische Lebensgemeinschaft der Langobarden, die man als *farae* bezeichnet: eingeschworene Gruppen von Verwandten – Krieger, Frauen, Kinder und Sklaven. Der Name der Stadt Farra d'Isonzo erinnert an diese komplizenhaften Sippschaften. Die langobardische Gesellschaft wandelte sich auf dem

Frühchristliche Basilika auf dem Col di Zuca

Boden des Römischen Reiches, aus vagabundierenden germanischen Kriegern wurden Händler, Bauern, Handwerker und Grundbesitzer, Cividale wurde auch zu einem Zentrum der Kultur, das Callixtus-Baptisterium und der *Tempietto Longobardo* gehören zu den eindrucksvollsten Kunstwerken jener Zeit. Karl der Große besiegte 776 die Langobarden und gliederte weite Teile Italiens seinem Reich ein, machte aus Friaul eine Grenzmark. Mit Paulinus hatte Karl der Große einen Gelehrten aus Friaul zum persönlichen Berater nach Aachen geholt und ernannte diesen 776 zum Patriarchen von Aquileia. Seine Kompetenzen überragten jene des Herzogs, unter anderem war er der höchste Richter im Land.

Im frühen 10. Jahrhundert fielen wiederholt die Ungarn über Friaul in Italien ein und plünderten das Land. Otto der Große konnte die Ungarn nicht nur am Lechfeld besiegen (955), er heiratete auch die Witwe König Berengars von Italien und machte sich so zum König der Franken und Langobarden. Seinem Bruder Heinrich, Herzog von Bayern und Graf von Karantanien, übertrug er auch die Marken Verona und Friaul samt Istrien. Um die nach den Verwüstungen menschenleer gewordenen Gebiete wiederzubeleben, riefen die geistlichen Herren von Cividale slawische Siedler nach Friaul. Davon zeugen Grabfunde und viele Orts- und Flurnamen, etwa Gradisca, Gorizzo, Belgrado oder Gradiscutta. Auch jene Ortsnamen, die auf -acco/-icco enden, wie Tavagnacco oder Bottenicco, gehören in diese Gruppe, auch wenn für sie in der Regel keltischer Ursprung beschworen wird. Im Deutschen sind sie mit den Ortsnamen von Toblach, Dellach oder Villach vergleichbar. So wurden immer wieder neue Siedler in bestehende politische Gebilde integriert. Als Sprache hielt sich seit der Römerzeit in vielen Gegenden und so auch in weiten Teilen Friauls Latein, so werden die so Sprechenden noch heute als „Ladiner" bezeichnet.

Aufstieg und Niedergang der Patriarchen

Der energiegeladene Patriarch Poppo von Traungau (1019–1042) hieß eigentlich Wolfgang von Traungau und stammte aus Kärnten oder Oberösterreich. Er konnte die wirtschaftliche Situation des Landes verbessern und Aquileia zu neuer Blüte führen. Als Kaiser Heinrich IV. 1076 nach seinem Canossa-Gang wieder nach Norden reisen wollte, war es Patriarch Sigehard von Aquileia, der ihm als Einziger die Rückkehr über die Alpen ermöglichte. Der Dank dafür folgte kurz darauf. Der Kaiser verlieh ihm ein Jahr später die Grafenwürde mit herzoglichen Befugnissen. Es war der Beginn der Herrschaft des Patriarchenstaates, die bis 1420 dauern sollte.

Das Schicksal des Staates lag zwar in Händen der Patriarchen, die sowohl mit sakraler als auch weltlicher Macht ausgestattet waren, daneben entwickelte sich im Lauf des 13. Jahrhunderts in Friaul aber eine Ständeversammlung, eine Art Parlament. Es bestand aus den Abgesandten der zwölf Städte und fünf Gemeinden, den Domkapiteln von Aquileia, Concordia und Udine, den drei großen Pfarreien Karniens, den Nonnen von Aquileia und Cividale sowie aus den Äbten von Rosazzo, Moggio und Sesto al Reghena. Dieses Gremium hatte Einspruchsrecht bei allen Entscheidungen des Patriarchen und durfte sogar Gesetze erlassen.

Aus Friaul war ein stabiler, wirtschaftlich solider Staat geworden, dennoch mehrten sich die Konflikte mit dem aufstrebenden Venedig und den Feudalherren, allen voran den Grafen von Görz. Daneben gab es Kämpfe zwischen jenen Kräften, die eine Politik zugunsten des Papstes betrieben, den Guelfen, und den Ghibbelinen, die sich am Kaiser orientierten. Mit dem letzten deutschen Patriarchen, Berthold von Andechs, ging eine Politik zugunsten des Kaisers zu Ende. Einer seiner Nachfolger war vor den Angriffen im eigenen Land nicht mehr sicher und ergriff die Flucht. Bei seiner Rückkehr waren die Grafen von Görz die Herrscher im Land und bezogen demonstrativ in Cividale Quartier. Einer der herausragenden Patriarchen war Bertrand de Saint-Geniés (1334–1350), er belagerte Görz und zwang den Grafen zu einem Waffenstillstand. Viele Reformen im Lande und die Gründung der Universität von Cividale sind ihm zu verdanken. Neunzigjährig wurde er auf dem Weg von Sacile nach Udine ermordet. Nikolaus von Luxemburg (1351–1365), sein Nachfolger, rächte ihn mit einer spektakulär inszenierten Hinrichtung der Übeltäter und Hintermänner des Komplotts. Sie wurden gevierteilt, ihre Köpfe an den Toren Udines aufgespießt und ihre Burgen dem Erdboden gleichgemacht.

Der Markuslöwe im Vormarsch

Die folgenden Jahrzehnte waren geprägt von Machtkämpfen zwischen dem Adel und bürgerlichen Kommunen. Udine und Cividale waren einander spinnefeind, Blutvergießen und Racheakte standen an der Tagesordnung und es regierten schwache, orientierungslose Patriarchen.

1410 wurde Friaul in die Auseinandersetzungen zwischen Venedig und dem König von Ungarn verwickelt, **1418** entsandte Venedig Truppen nach Friaul, der Widerstand in den Kastellen wurde bald gebrochen, nach Cividale ergab sich auch Udine.

1420 wurde Friaul venezianisch. Der Statthalter, der *Luogotenente*, residierte im ehemaligen Patriarchenpalast auf dem Hügel von Udine. Der Einfluss der Serenissima, wie Venedig heute oft genannt wird, überzieht die Ebene und das Hügelland Friauls und wird bis in die Tiefe der Gebirgstäler Karniens spür- und sichtbar. Das riesige Reich des Patriarchen ist geschrumpft und umfasst nur noch drei Städte: Aquileia, San Vito al Tagliamento und San Daniele.

1472 bis 1479 und ein letztes Mal **1499** zogen die Überfälle der Türken Friaul arg in Mitleidenschaft. Allein 1478 sollen die Türken 8 000 Bewohner getötet oder versklavt und das Vieh geraubt haben. Zurück ließen sie verbrannte Dörfer und verwüstete Ernten.

Im April 1500 schickte Kaiser Maximilian I. Truppen nach Görz, nachdem Graf Leopold verkündet hatte, dass nach seinem Tode die Ländereien Österreich zufallen sollten. Allein die Venezianer wehrten sich gegen dieses Vorhaben.

1508 kam es zum Krieg mit Österreich. Maximilian wollte der expandierenden Macht Venedigs Einhalt bieten und schloss sich für dieses Vorhaben mit dem Papst und den Königen von Frankreich, England und Spanien in der „Liga von Cambrai" zusammen. Am Ende verblieb den Österreichern lediglich die Herrschaft von Görz und Aquileia.

1510 wütete die Pest in Friaul, **1511** wurde Friaul durch ein Erdbeben erschüttert. **1615** entbrannte nach 100 Jahre langem Frieden erneut ein Krieg mit Venedig, diesmal ging es um die Stadt Gradisca. Die Venezianer wurden von Kaiser Maximilian und seinen Verbündeten gezwungen, Gradisca den Habsburgern zu überlassen, Österreich behielt die Vormacht über das östliche Friaul. Karnien und die Ebenen Friauls, somit auch das Gebiet entlang des Tagliamento, verblieben bei Venedig, was sich als erheblicher Nachteil für diese Gegend erweisen sollte.

Der wirtschaftliche Niedergang, die schlechten Lebensbedingungen und die Armut der Landbevölkerung hatten vor allem mit hohen Steuern und dem Desinteresse Venedigs zu tun, Maßnahmen zur Förderung dieses Gebiets zu ergreifen. Weite Landstriche wurden zum Staatsbesitz erklärt und an reiche Patrizier verkauft, die Städte, vor allem Udine, aber auch Pordenone und Cividale, blühten auf und bald standen der Ärmlichkeit der Dörfer prächtige Villen und Stadtpaläste gegenüber. Am Land verbesserte sich die Situation erst durch die Initiative einer Handvoll Idealisten, die große Projekte der Urbarmachung von Brachland in Gang setzten und in Udine die Gründung einer Hochschule für Landwirtschaft anregten. Diese wiederum konzentrierte sich unter anderem auf den Anbau renommierter Rebsorten aus Frankreich.

Napoleon ante portas

1797 wurde Friaul erneut zum Kriegsschauplatz. Napoleon marschierte in Venedig ein, die venezianische Republik ergab sich kampflos, österreichische Truppen unter Erzherzog Karl versuchten, den Vormarsch Napoleons zu stoppen, was kläglich scheiterte. Napoleon marschierte durch Kärnten und zwang die kaiserlichen Truppen bei Judenburg in die Knie. Der Kaiser drängte auf Verhandlungen, die auf Wunsch Napoleons in Friaul geführt werden. Quartier nahm der Feldherr in der prächtigen Villa Manin, wo er der österreichischen Delegation nach demütigenden Stunden des Wartens seine Bedingungen diktierte. Im sogenannten Friedensschluss von Campoformido musste Kaiser Franz II. große Gebietsverzichte hinnehmen, bekam dafür jedoch Venetien und Friaul zugesprochen.

1815 kam beim Wiener Kongress Friaul, gemeinsam mit Venetien und Venedig, zum Königreich „Lombardo-Venetien" und damit wieder zu Österreich, denn Generalgouverneur war Erzherzog Maximilian.

Die aufklärerischen Ideen der Französischen Revolution machen auch vor Friaul nicht halt und so kam es **1848** in Udine, Triest und Palmanova zu Aufständen. Die österreichische Herrschaft in Friaul endete schließlich im Jahr 1866, Friaul wird nach langen Kämpfen Teil des Königreiches Italien. Ausgenommen sind Cormòns, Aquileia, Grado, Monfalcone, Görz und Triest, diese Städte sowie das umliegende Territorium bleiben bis zum Ersten Weltkrieg im Habsburgerreich.

Der Erste Weltkrieg

Trotz territorialer Zugewinne entwickelte sich ausgehend von Triest eine Bewegung des „unerlösten Italiens", *Italia irredenta*. Diese aufkeimende nationalistische Tendenz entlud sich mit voller Wucht im Ersten Weltkrieg.

1915 trat Italien in den **Ersten Weltkrieg** ein, der sich hauptsächlich in Friaul und seinen Grenzgebieten abspielt. Das Hauptkampfgebiet lag südlich von Görz, im Karst, zwischen den Orten Kostanjevica und Doberdò. Auch im Gebirge wurde an vielen Stellen angegriffen und erbittert gekämpft. In den sogenannten Isonzoschlachten, dem grausamsten Gemetzel dieses Kriegs, versuchten die Armeen zwölf Mal einen Durchbruch. Nach einem Jahr festgefahrenem Stellungskrieg wurde im Mai 1916 von österreichischer Seite, völkerrechtswidrig, erstmals Giftgas eingesetzt. Erst im Oktober 1917 gab es einen kurzen Erfolg der deutsch-österreichischen Truppen. Einer deutschen Einheit unter dem Befehl des jungen Rommel gelang es bei Caporetto, dem heutigen Kobarid im Sočatal, wiederum mit Gaswerfern,

Grenzstein Pontebba

die italienischen Linien zu durchbrechen und mit der Erstürmung des Matajur einen Zusammenbruch der Frontlinien zu bewirken. Das für diese Offensive gesetzte Ziel, bis zum Tagliamento vorzudringen, ist erreicht, er wird sogar überschritten und man gelangte schließlich bis zur Livenza, dem westlichen Grenzfluss Friauls. Wenig später festigte sich die Front am Piave und mithilfe der alliierten Truppen wurden die erschöpften Streitkräfte der Monarchie zur Kapitulation gezwungen. Am 3. November 1918 wurde der Waffenstillstand geschlossen. Im Vertrag von Saint-Germain wurden die östlichen Gebiete Friauls – das Kanaltal, die Gebiete um die Weißenfelser Seen und Raibl sowie Görz und Triest – Teile Italiens.

Faschisten im Vormarsch

Das südöstliche Friaul war mit Sicherheit das grausamste Schlachtfeld des Ersten Weltkriegs, die Verluste der Italiener erreichten die Millionengrenze, allein auf dem Friedhof von Redipuglia ruhen rund 100 000 Gefallene. Diese traurige Tatsache nährte in der Nachkriegszeit den italienischen Mythos vom „verlorenen Sieg". Die Unzufriedenheit breiter Schichten entzündete sich vor allem daran, dass dem Königreich Italien in den Pariser Verträgen nicht alle erhofften Gebiete in Dalmatien zugesprochen wurden. Ein Umstand, der dem Sieg des Faschismus und der

Friedhof von San Pietro mit Blick ins But-Tal

Machtübernahme durch Benito Mussolini den Weg bereitete. Friaul, Südtirol und Venetien wurden im faschistischen **Triveneto** zusammengefasst. Die slawische Bevölkerung wurde unterdrückt, Ortschaften und Familien umbenannt, die slowenische Sprache verboten. Ebenso erging es der friulanischen Kultur und deren Sprache, die im öffentlichen Bereich nicht mehr zugelassen war. Man legte großen Wert auf die Antike, auf die römische Vergangenheit oder die Kunst der Venezianer. Im Erscheinungsbild der Städte und Dörfer wurden entsprechende Stilelemente bewusst hervorgehoben, rekonstruiert oder notfalls auch gefälscht. Wo immer man konnte, wurde „italienisiert", z. B. wurden barocke Campanili in den friulanischen Dörfern umgestaltet und daraus Kirchtürme nach venezianischem Vorbild geschaffen. In so mancher Stadt mussten alle Kastanienbäume entfernt und durch Pinien ersetzt werden.

Der Zweite Weltkrieg

Die Entscheidung Mussolinis, im Juni **1940** an der Seite Hitlers in den Krieg einzutreten, besiegelte gleichsam das Ende des Regimes. Nach den italienischen Niederlagen in Griechenland und Afrika und dem Vorrücken amerikanischer Verbände in Sizilien kam es zur Absetzung und Gefangennahme Mussolinis. Italien wird zum Kriegsschauplatz zwischen den Alliierten und den Deutschen. Nach der Befreiung Mussolinis durch ein deutsches Kommando findet der italienische Faschismus noch eine kurze Fortsetzung in der RSI, der „Republik von Salò", mit Sitz am Gardasee und Mussolini an der Spitze. Gegen die RSI formierte sich spontan eine beachtlich große Widerstandsbewegung, die *Resistenza*.

Das im Oktober **1939** zwischen Hitler und Mussolini abgeschlossene Abkommen zur Umsiedlung der deutschen Minderheiten betraf neben Südtirol auch die Bewohner des Kanaltals sowie jene von Sauris und Timau. Der Kriegsverlauf behinderte jedoch die Umsiedlung und viele bereits Ausgewanderte kehrten alsbald in ihre Heimatdörfer zurück.

1945, nach dem Ende des Zweiten Weltkriegs, wurde die italienische Zugehörigkeit Friauls nicht infrage gestellt. **1964** wurde die autonome Region Friaul-Julisch Venetien mit der Hauptstadt Triest geschaffen. Die alte Hauptstadt Udine blieb wirtschaftliches Zentrum. Italienisch, Slowenisch, Friulanisch und Deutsch galten als offizielle Landessprachen, seit **2008** sind die Grenzen zu Slowenien ungehindert zu passieren.

Terremoto – Erdbeben in Friaul

Friaul liegt im Bereich der Bruchlinien der jungen Faltengebirge, die sich durch Südeuropa und Asien erstrecken. Die Adriaplatte ist eine aktive Bewegungszone, die in dieser Region immer wieder schwere Erdbeben ausgelöst hat. Spuren eines schweren Erdbebens haben die archäologischen Ausgrabungen auf dem Kärntner Magdalensberg und auf der Gurina bei Dellach im Gailtal ans Licht gebracht, es muss sich um das Jahr 9 nach Christus ereignet und auch in Friaul Wirkung gezeigt haben. Besonders heftige Erdstöße sind beispielsweise für die Jahre 1117 und 1348 belegt, mit dem Epizentrum bei Tolmezzo, als auch Kärnten arg betroffen war. In Friaul erlitt damals unter den historischen Bauten vor allem der Dom von Aquileia schwere Schäden. Von den Erdstößen des Jahres 1511 war wiederum Udine besonders stark betroffen. Im März 1928 richtete ein Erdbeben in Karnien schlimme Schäden an. Das Epizentrum lag in der Nähe der Ortschaft Amaro in rund 6 Kilometern Tiefe. Auch bei einem Beben mit geringerer Intensität im Jahr 2013 wurde das Epizentrum in derselben Gegend registriert.

Die bislang schwerste bekannte Erdbebenkatastrophe erlebte Friaul jedoch durch zwei Beben im Jahr 1976, am heftigsten bei den ersten Erdstößen am 6. Mai, die sogar die Stufe 9 auf der 12-stufigen Mercalli-Skala erreichten. Sie forderten an die 1 000 Todesopfer und rund 2500 Verletzte. Wohnhäuser, Kirchen, Mauern, Türme, Brücken und Kastelle stürzten ein, Trümmer des Kastells von Gemona wurden von einem Riss in der Erde verschlungen, der Dom schwer beschädigt. Eisenbahnschienen waren verkrümmt, der Schnellzug Wien–Venedig entgleiste.

Viele Objekte, die dem ersten Beben im Mai widerstanden hatten, lagen später, in den beiden Beben im September, in Trümmern, so die gesamte Altstadt von Venzone mit dem Dom. Gemona und Venzone waren die am stärksten betroffenen Städte, aber auch Osoppo, Artegna, Buja, Colloredo und Majano wurden arg in Mitleidenschaft gezogen. Bis Tarcento im Südosten und über Moggio Udinese bis Villa Santina im Norden reichten die Ausläufer mit ihrer zerstörerischen Kraft. Während Tolmezzo mehr oder weniger verschont blieb, erlitten auch Spilimbergo, San Daniele und weiter westlich Pordenone und Valeriano viele Schäden. Insgesamt wurden 20000 Häuser zerstört, 70000 schwer beschädigt. In den ersten Tagen nach dem 6. Mai gab es über tausend Nachbeben. Elf Monate herrschte Notstand in dieser Region, die unmittelbar nach dem Beben noch von schweren Regenfällen heimgesucht wurde.

KULINARIUM

Fast überall in Italien kann man gut essen, ohne dass man dafür viel Geld ausgeben muss. Auch wenn die Speisen, wie in Karnien, eher bescheiden und rustikaler als im Süden ausfallen, sind sie niemals langweilig und bringen jene Zutaten, die ihnen die Region zu bieten hat, optimal zur Geltung. Eine Küche, die aus den bescheidenen, aber unverfälschten Produkten in den Gebirgsregionen entstanden ist, in der schon in der Vergangenheit karnische Hausfrauen Gewürze, Trockenobst und orientalische Aromen zu ganz eigenen Zusammenstellungen kombinierten. Hat der alpine Bereich des Tagliamento und seiner Nebenflüsse eher bodenständige und deftige Rezepte zu bieten, so überwiegt die mediterrane Kochtradition in seinem Unterlauf, der großen Ebene. Während im Norden das Angebot an Fleisch auf dem Speiseplan größer ist, bevorzugt man, je weiter man nach Süden kommt, eher leichtere Kost mit Fischen und Meeresfrüchten. Gemeinsam ist allen eine Vorliebe für Nudelgerichte und die reichliche Verwendung von Gemüse und Salaten.

Im Folgenden sind einige jener Produkte angeführt, die vor allem für die nördliche Region typisch sind und als kulinarische Spezialitäten gelten. Was auffällt, ist, dass die Küche in Karnien eine ganze Reihe von Wildkräutern und Wildgemüsen verwendet, die etwa in Österreich selten oder gar nie zum Einsatz kommen, sei es, dass man sie nicht schätzt, sie hier nicht heimisch sind oder sie niemand mehr kennt. Man findet sie leider dort auch eher selten auf den Speisekarten der Restaurants, wohl aber in privaten Küchen und vor allem in Landgasthäusern oder beim Urlaub am Bauernhof *(Agriturismo)*.

Wildkäuter und Wildgemüse

Wilder Spargel *(Asparagi selvatici)*. Er wächst im Frühling auf kargen, steinigen und trockenen Böden zumeist an Waldrändern bis maximal 1000 Meter Seehöhe. Man nimmt ihn für Suppen, als Gemüsebeilage oder für Risotto.

In gleicher Weise zubereitet werden die jungen Triebe des **Ruscus**, auch **Stechender Mäusedorn** *(Pungitopo)* genannt, die im April oder Mai zu finden sind. Er wächst auf abschüssigem steinigen Gelände und lichten Wäldern in geringer

Höhenlage. Um ihn länger genießen zu können, lässt man ihn kurz in Salzwasser kochen und legt ihn in Essig ein.

Von der **Silene** *(Sclopit)*, auch Klatschnelke genannt, weil sie zur Familie der Nelkengewächse gehört, verwendet man die Blätter für Suppen oder Risotto, auf jeden Fall gekocht, zumeist gemischt mit anderen Wildkräutern. Gut gedeiht sie an Straßenrändern, brachliegenden Wiesen und entlang von Hecken, sogar bis in hohe Lagen.

Löwenzahn *(Tarassaco)* wächst bis in Höhen von 2000 Meter praktisch überall, d. h. im Frühling findet man ihn in der Ebene, während er im Sommer bis Spätsommer auch noch etwas höher gesammelt werden kann. Er wird in Friaul häufig gekocht und wie Spinat für Suppen oder diverse Füllungen verwendet. Die jungen Blätter eignen sich für Salate, die Knospen werden hier wie Kapern eingelegt, die Wurzeln konsumiert man frisch.

Bärlauch *(Aglio orsino)* wächst auf feuchten Böden in lichten Wäldern, er wird im April geerntet und roh oder gekocht für allerlei Speisen, Suppen, Reis- oder Nudelgerichte verwendet. Für ein Bärlauchpesto nimmt man dazu noch Pignoli, Pecorino und Olivenöl.

Aglio selvatico, auch Bergknoblauch genannt, wächst auf Wiesen und Waldrändern. Er eignet sich hervorragend für Suppen, Saucen oder Reisgerichte sowie eingelegt in Essig und Öl als Jausenbeilage.

Radic di mont *(Cicerbita alpina)* ist eine besondere Art eines seltenen violetten Radicchios, den man im Mai in den Karnischen Bergen zwischen 1000 und 1800 Meter vor allem auf Weideflächen finden kann. Er hat einen leicht bitteren Geschmack und wird für Omeletts und

Salate verwendet. Eingelegt wird er gekocht, in Öl, Essig, Weißwein, Kräutern, Salz und ein wenig Zucker. Er gilt zu Recht als Delikatesse und als „Slowfood-Presidio-Produkt".

Confenon *(Papavero selvatico* oder *Rosolaccio)* wächst vorwiegend auf Getreidefeldern und an Straßenrändern. Man nimmt die grünen Blätter der Rosette im Frühling für gemischte Salate. In gekochtem Zustand verfeinert er Frühlingssuppen, darüber hinaus nimmt man ihn für die *frittata* (Omelett) oder *torta salata* (Quiche).

Wilder Hopfen *(Luppolo)* wächst in Wäldern, an Hecken und in Gräben von März bis Mai. Man verwendet nur die jungen Triebe, die ersten 10 bis 15 Zentimeter, ähnlich wie beim Spargel, für Füllungen, Suppen und Omeletts. Als Gemüse serviert man ihn gekocht, mit Öl, Salz und etwas Zitronensaft.

L'aglio di Resia, Knoblauch aus dem Resia-Tal, von den Einheimischen als *strock* bezeichnet, hat eine kleine rosa Knolle und zwischen 6 und 10 Zehen. Es ist ein eher süßer Knoblauch ohne das scharfe Aroma der üblichen Sorten. Gerne verwendet wird er für die Produktion von Würsten und als Jausenbeilage. Er ist bestens geeignet für eine Knoblauchpizza. Allerdings ist das Angebot weit geringer als die Nachfrage.

Typische Spezialitäten

Salicornia

Auf den salzhaltigen Böden in Meeresnähe wachsen die fleischigen und blattlosen grünen Stängel der Salicornia, auch als Europäischer Queller bezeichnet. Eine ausgesprochene Salzpflanze, ein Halophyt, der in den Küstenregionen als Gemüse eine lange Tradition hat. Salicornia ist begehrt für Nudelgerichte und Risotti, als Beilage zu Fischspeisen oder Salaten.

Crauti

In den meisten Gemüsegärten wird den verschiedenen Sorten von Kraut und Kohl viel Raum gegeben. Je weiter man nach Norden kommt, desto wichtiger ist der Anbau der verschiedenen Kohlsorten, wie *cavolo verza* (Wirsing), *cavolo nero, cavolo cappuccio* oder *verzottino*. Üblicherweise entfalten Gewächse aus dieser Familie erst nach dem ersten Frost ihren optimalen Geschmack. Zum Einsatz in der Küche kommen sie gebraten in Öl, gedünstet als Beilage oder in Suppen.

Polenta

Die Polenta ist für Friaul nicht irgendein Lebensmittel, man kann sagen, in den vergangenen vier Jahrhunderten war sie das Grundnahrungsmittel schlechthin. Verwendet werden sowohl weißes als auch gelbes Maismehl oder Maisgrieß. Die gelbe Maissorte ist eher in der Region von Sauris geläufig, denn diese Sorte hat eine kürzere Reifezeit, etwa vier Monate, sechs Monate hingegen braucht der weiße *granoturco*, wie er in Italien genannt wird. Dieser wird unter anderem in der Gegend von Verzegnis angebaut und eher in der Ebene im Süden gegessen.

Meist serviert man ihn heute gekocht oder gebraten als Beilage zu Fleischgerichten, Käse, Salami, Lardo oder zu Fischgerichten. Ebenso wird Polenta für die Zubereitung von Süßspeisen eingesetzt (siehe Rezept S. 190). Suppen oder Soßen gibt man oft ein wenig Polentagrieß bei, damit diese etwas sämiger werden.

Fave

Die „friulanische Bohne" – *fava* – wird auch Ackerbohne oder Saubohne genannt, ist aber eigentlich keine Bohne. Fave können auch roh gegessen werden, Bohnen hingegen sind ungekocht ungenießbar und sogar leicht giftig. Es handelt sich um eine Hülsenfrucht, die in Sauris zu Hause ist, aber genauso in den Tälern Karniens immer noch häufig verwendet wird, obwohl sie durch die Konkurrenz anderer Hülsenfrüchte an Bedeutung verloren hat. In der Vergangenheit waren Fave ein Grundnahrungsmittel für Menschen und Haustiere. In erster Linie wurden sie für Suppen verwendet, als *minestra di fave* werden sie heute noch serviert. Gekochte Fave werden gewürzt und mit Butter oder Süßrahm (Panna) gegessen, gemahlen sind sie, mit anderem Getreide gemischt, zum Backen geeignet. Fave wurden zusammen mit *orzo* (Rollgerste) sogar als Kaffeeersatz verwendet.

Fagioli di Carnia

Schon im 18. und 19. Jahrhundert waren Bohnen in Friaul weit verbreitet, die verzehrte Menge reichte an jene der Kartoffeln heran. Die Bohnen haben Fave etwas in den Hintergrund treten lassen und waren sowohl in den Küchen der vornehmen Leute als auch bei Bauern und Handwerkern gleichermaßen beliebt. Die am meisten verbreitete Suppe war eine einfache *minestra* auf der Basis von Bohnen, entweder allein oder gemischt mit Nudeln, Gemüse und Reis. Es gibt in Friaul keinen Gemüsegarten ohne ein Beet mit Hülsenfrüchten, jene aus Karnien waren immer schon von höchster Qualität und auch ein wenig teurer. Kleine rötliche Bohnen mit dunklen Punkten gab es in ganz Karnien, berühmt waren vor allem jene aus

Bohnen (links), Tomaten

Pesariis, Paularo und Forni di Sopra. Diese Borlotti-Bohnen gelten heute noch als die bekanntesten Friauls.

Montasio

Der berühmteste Käse Friauls hat seinen Namen von den Benediktinermönchen aus Moggio Udinese erhalten. Die Almen im Montasio-Gebirgsmassiv gehörten zu ihrem Kloster und so kam es, dass sie den in dieser Region produzierten Käse schließlich nach dem Berg benannten. Sie waren es auch, die als Erste den aus Kuhmilch produzierten Käse verfeinerten und für ihn ein optimales Herstellungsverfahren entwickelten. Als im Jahr 1880 die ersten Molkereien gegründet wurden, konnte man den nach dem Klosterrezept erzeugten Montasio auch in größeren Mengen herstellen und in ganz Italien und im Ausland verkaufen. Seit 1986 handelt es sich bei der Marke Montasio um eine geschützte Ursprungsbezeichnung. Es darf bei seiner Herstellung nur Milch von Kühen verwendet werden, die sich in der Region aufhalten und sich ausschließlich mit Futter (Gras oder Heu) aus diesem Gebiet ernähren. Auch die Käserei und die Anlage zur Reifung muß hier ihren Sitz haben.

Der Montasio zählt zu den Hartkäsesorten und hat eine strohgelbe Farbe, wenige und sehr kleine Löcher und eine glatte und elastische Rinde. Es gibt ihn in verschiedenen „Reifevarianten". Der *Montasio fresco* muss mindestens 2 bis 4 Monate reifen, schmeckt entsprechend mild und eignet sich gut als Tafelkäse. Ab 5 Monaten ist er *semistagionato*, das Aroma wird schon etwas kräftiger, als solcher eignet er sich gut zum Überbacken. Bei mehr als 10 Monaten nennt man ihn *stagionato*, der Geschmack wird würzig, kräftig, aber nicht streng. In diesem Reifegrad ist er bröckelig und kann auch gerieben anstelle von Parmesan verwendet werden.

Formadi Frant

Es handelt sich dabei um einen würzigen, nicht allzu harten Käse, der aus verschiedenen Kuhmilchkäsen hergestellt wird. Produziert nach einem alten Rezept, dem die Idee der Wiederverwertung und Sparsamkeit zugrunde liegt. „Defekter Käse", zerbrochene Laibe und beschädigte Stücke vom Käse des Typs Latteria, egal in welchem Reifestadium, werden in Kuhmilch mit Pfeffer, Salz und etwas Panna (dickflüssigem Süßrahm) aufgekocht und fermentiert. Die übliche Reifung dauert 40 Tage, allerdings kann der Formadi Frant auch schon nach 15 Tagen gegessen werden. Der Käse, der aus der Not entstanden ist und dessen Herstellung Ressourcen spart, hat sich in jüngster Zeit zu einem erfolgreichen Produkt zahlreicher Käsereien entwickelt.

Ricotta (affumicata)

Ähnlich wie beim Formadi Frant geht es auch beim Ricotta um die optimale Nutzung des wertvollen Naturprodukts Milch. In diesem Fall um die Verwertung eines Nebenprodukts, das bei der Käseerzeugung anfällt, der Süßmolke. Sie wird gemeinsam mit einem bestimmten Anteil an roher Frischmilch erhitzt, und die sich in der Flüssigkeit verdickende Ricottamasse wird abgeschöpft und verarbeitet. Je nach Bedarf erzeugt man einen ungereiften, ungesalzenen *Ricotta tipo dolce,* einen gesalzenen Ricotta oder einen etwas härteren Reibekäse. Die verbliebene Flüssigkeit wird als Tierfutter verwertet.

Ricotta dolce eignet sich für Füllungen (Cjalcons, die typischen Nudeltaschen) und Süßspeisen, gesalzener Ricotta mit frischem Gemüse und Brot als kleine Mahlzeit oder zusammen mit mariniertem gebratenen Gemüse als Vorspeise. Der geräucherte *Ricotta affumicata* wird zumeist gerieben und über verschiedene Nudelgerichte gestreut, für die Cjalcons ist er unentbehrlich.

Prosciutto di San Daniele

Das Zusammentreffen der trockenen Luft aus den Alpen und der feuchtwarmen Meeresluft schafft ein besonders günstiges Klima für die Reifung dieses berühmten luftgetrockneten Schinkens. Die Schweinekeulen werden aus zehn verschiedenen Regionen Italiens angeliefert, wo die Tiere nach strengen Vorgaben und Methoden gezüchtet werden. Seit den 1920er-Jahren wird dieser Schinken in größerem Umfang produziert, ab den 1950er-Jahren erreichte die Produktion eine industrielle Größenordnung. Wurde anfänglich ausschließlich im Winter gearbeitet, so existieren seit 1984 klimatisierte Räume, die eine moderne Produktion ganzjährig ermöglichen. Die Schweinekeulen mit Knochen und dem typischen Huf wiegen zehn bis elf Kilogramm. Rund ein Viertel des in Italien konsumierten Rohschinkens kommt aus den über dreißig Betrieben, die Prosciutto di San Daniele erzeugen und diesen in alle Welt exportieren.

Prosciutto di Sauris

Früher erzeugten viele Familien in der Gegend von Sauris Speck, Schinken und Würste von hoher Qualität, immer schon sowohl luftgetrocknet als auch geräuchert. Zunächst wurden andere Lebensmittel aus den Tälern und der Ebene dafür eingetauscht. Vor etwa 100 Jahren begann Pietro Schneider nach den Herstellungsrezepten der ersten Bauern eine Produktion dieser Spezialitäten in größerem Ausmaß. Seine Erzeugnisse waren bald berühmt und begehrt und die Rezepte wurden in der Folge von Generation zu Generation weitergegeben. Heute sind die Produkte unter dem Namen „Wolf" ein Qualitätsbegriff und haben über die Landesgrenzen hinaus einen guten Ruf. Das gilt für den *Prosciutto di Sauris*, den Rohschinken, für den geräucherten Speck, *Ossocollo di Sauris, Culatello,* Schweinsnuss geräuchert oder luftgetrocknet und für diverse Salamiwürste.

Salame friulano

Die Fleischkonservierung durch Räuchern ist eine Technik, die im Prinzip schon von den Kelten angewendet wurde, und stammt aus der Zeit, da das Haltbarmachen mithilfe von Salz noch nicht geläufig war. Ähnlich wie in Österreich, und zum Teil auch von hier beeinflusst, produziert man in den verschiedenen Regionen Friauls unterschiedliche Arten von Salamiwürsten nach Rezepten, die nicht nur von Dorf zu Dorf, sondern auch von Hof zu Hof verschieden sein können. Zu den verschiedenen Fleischmischungen und der unterschiedlichen Dauer der Räucherung kommt noch die Verwendung spezieller Holzsorten und Kräuter hinzu, die oft ein gut gehütetes Geheimnis der Produzenten darstellen.

Pestàt

Eine Wurstsorte, bei der gartenfrische Kräuter klein gehackt mit Speck vermischt zu einer Wurst verarbeitet werden. Traditionellerweise wurde Pestàt jeweils dann produziert, wenn man ein Schwein geschlachtet hatte. Auf diese Weise konnte man die eigenen Gartenkräuter auch noch im Winter genießen. Diese berühmte und traditionelle Wurst ist äußerst beliebt und wird für die Zubereitung vieler Gerichte, unter anderem für die Jota, verwendet.

REZEPTE

Jota

Die Jota ist eine Bohnen- und Krautsuppe, die in ganz Friaul bekannt und geschätzt ist, vom Karst bis in die Täler Karniens. Wenn Sie eine Jota ablehnen, bringen Sie sich um eine köstliche Speise, die je nach Region und Haushalt unterschiedlich kredenzt wird. In Karnien verwendet man anstelle von Sauerkraut frisches Kraut und verwendet Maisgrieß, um sie etwas sämiger zu machen.

Jota alla Carnica

ZUTATEN *für 4 Personen*
200 g Bohnen (fagioli secchi di Carnia)
100 g Schweinebauch mit Schwarte
300 g Weißkraut
50 g Pestät oder einer Mischung von Lardo oder Schweinefett, einer kleinen Zwiebel, 5–6 Salbeiblättern, 2 Knoblauchzehen und einem kleinen Bund Petersilie, alles fein gehackt
2 EL Maisgrieß
1 EL Olivenöl
1 TL Mehl
50 g geräucherter Speck
Salz und Pfeffer

ZUBEREITUNG

- Bohnen über Nacht einweichen und am nächsten Tag in ca. 1 ½ Liter Wasser ohne Salz weich kochen.
- Schweinefleisch in kleine Würfel schneiden und den fast gar gekochten Bohnen hinzufügen.
- Gewürzmischung herstellen: Lardo oder Schweinefett in einer Pfanne erhitzen, alle Gewürze und den Maisgrieß dazugeben, alles gut anrösten und anschließend in die Suppe geben.

- Olivenöl erhitzen, Mehl darin anschwitzen und ebenso der Suppe beifügen.
- Räucherspeck kleinwürfelig schneiden und anrösten, geschnittenes Kraut dazugeben und fast fertig dünsten. Zur Suppe geben.
- Salzen und pfeffern und einige Minuten köcheln lassen und mit einem Schuss Olivenöl servieren.

Interessant ist, dass man häufig statt der Redewendung „Gehen wir essen?" nicht *andiamo a mangiare*, sondern *andiamo a Jota* verwendet.

Cjalcons (Cjarcons) – Karnische Teigtaschen

In Karnien erzählt man sich, dass vor langer Zeit der „Guriut" (mit dem Kasamandl vergleichbar), ein sehr naschhafter Kobold, von einer Hausherrin dabei ertappt wurde, als er Rahm aus der Küche stibitzte. Zur Wiedergutmachung verriet der Kobold jener Frau das Rezept für die köstlichen Cjalcons. Das sind berühmte Ravioli, deren Fülle von Dorf zu Dorf, ja, sogar von Familie zu Familie unterschiedlich ist. Angeblich gibt es über fünfzig verschiedene süße und salzige Varianten dieser für Karnien typischen Speise, die zumeist als *primo piatto* und selten als Hauptgericht serviert wird. Zu den Hauptzutaten gehören Mehl, Eier, Äpfel, Spinat, Ricotta Rosinen und verschiedene Kräuter und Gewürze. Letztere haben seinerzeit die fahrenden Händler *(crâmars)* in Venedig gekauft und damit in Karnien Handel betrieben.

Seien die Rezepte auch noch so unterschiedlich, allen gemeinsam ist, dass die Cjalcons mit zerlassener Butter und geräuchertem Ricotta serviert werden. Alljährlich wird Anfang Juni in Sutrio ein großes Cjarsons-Fest gefeiert, bei dem zehn Ortschaften Karniens mit ihren Variationen dieser Spezialität vertreten sind.

Cjalcons di Arta, 2 Varianten

ZUTATEN *für den Teig (4 Personen)*

250 g Mehl (griffig)
etwas Salz
ca. 100 ml warmes Wasser

ZUBEREITUNG

- Aus den Zutaten (für etwa 30–35 Teigtaschen) einen festen Nudelteig herstellen und ruhen lassen.

Füllung für die pikante Variante:
300 g Ricotta
100 g Kräutermischung: Petersilie, Salbei, Thymian, Minze und Zwiebel, alles fein gehackt
50 g Rosinen
30 g Pignoli
Salz, Pfeffer, eventuell 1 EL Semmelbrösel, falls die Füllung zu weich ist

ZUBEREITUNG

- Alle Zutaten gut vermischen. Teig dünn ausrollen, Kreise ausstechen (etwa 8 cm Durchmesser), Fülle (1 gehäufter TL) draufsetzen und Teig an 3 Seiten in der Form eines Täschchens zusammenfassen und zusammendrücken.
- In leicht gesalzenem Wasser vorsichtig kochen, bis die Cjarsons schwimmen. Herausnehmen und mit brauner Butter und geriebenem Räucherricotta servieren.

Füllung für die süße Variante:
500 g Kartoffeln (mehlig)
200 g Kräutermischung fein gehackt, Petersilie, Minze, Majoran, Melisse, Basilikum, Thymian und Salbei
50 g Butter
50 g Rosinen
1 TL geriebene Zitronenschale
1 Apfel geschält und gerieben
1 Birne geschält und gerieben
2 Biskotten oder 1 EL Semmelbrösel
1 TL Zimt und 1 Prise Salz

ZUBEREITUNG

- Kartoffeln kochen und zerstampfen (eventuell durchpressen) und alle weiteren Zutaten untermengen, bis eine homogene Masse entsteht.
- Teig dünn ausrollen, Kreise ausstechen (ca. 8 cm Ø), Fülle draufsetzen, Teig zusammenklappen (Halbmond), Ränder fest zusammendrücken.
- In leicht gesalzenem Wasser vorsichtig kochen, bis die Cjarsons schwimmen. Herausnehmen und mit brauner Butter übergießen, mit geriebenem Räucherricotta, Zimt und Kakao bestreuen und servieren.

Museo Provinciale in San Vito

Salame nell'aceto

ZUTATEN

8 Scheiben frische Salame friulano (ca. 400–500 Gramm)
1 EL Maisgrieß
2 EL Olivenöl
100 g Zwiebeln oder Schalotten
200 ml Weinessig
100 ml Wasser
Salz und Pfeffer

ZUBEREITUNG

- Haut von der Salami abziehen und die Wurst in 8 ca. 1 cm dicke Scheiben schneiden.
- Öl in einer großen Pfanne erhitzen, gehackte Zwiebeln anrösten, Maisgrieß beifügen und etwas mitrösten.
- Mit Essig aufgießen, Wasser hinzufügen und mit Salz und Pfeffer würzen. Salamischeiben einlegen und ca. 10 bis 15 Minuten bei geschlossenem Deckel köcheln lassen. Die Sauce sollte sämig werden (falls nötig, etwas Wasser zugeben). Hervorragend dazu passt gebratene Polenta.

Bujadnik di Resia

Eine süße Spezialität aus dem Resia-Tal, ein Kuchen mit Maismehl (oder sehr feinem Maisgrieß) und ungewöhnlichen Zutaten.

ZUTATEN *für 1 Tortenform*
275 g Maismehl
125 g Roggenmehl
100 g Weizenmehl
250 g Süßrahm
200 g Panna cremosa (ersatzweise: Crème fraîche)
100 g feinkörniger Zucker
2 Eier
200 g Rosinen, 10 Minuten in etwas Rum einweichen
150 g Walnüsse, gehackt
250 g getrocknete Feigen, klein geschnitten
3 Äpfel, geschält und gerieben
½ TL Fenchelsamen
10 g Trockenhefe
1 Prise Salz
Butter für die Form und evtl. etwas Milch

ZUBEREITUNG

- Die Eier mit Zucker in einer großen Schüssel mit dem Mixer zu einer homogenen Masse rühren.
- Maismehl, Roggenmehl, Weizenmehl, Salz, Hefe und Fenchelsamen vermischen und zur Eier-Zucker-Masse geben. Süßrahm und Crème fraîche hinzufügen und die Masse mit dem Mixer gut durchrühren.
- Rosinen, Walnüsse, Feigen und Äpfel unterrühren und, falls der Teig zu fest wird, etwas Milch hinzufügen. Masse in eine bemehlte und bebutterte Tortenform geben, glatt streichen und im vorgeheizten Backrohr ca. 45 Minuten bei 180° C backen.

NACHWORT

Für die Unterstützung bei meiner Arbeit bedanke ich mich herzlich bei **Paul Gleirscher**, der mir nicht nur in historischen Belangen mit Rat und Tat zur Seite stand.
Ebenso bei **Helmut Zwander**. Seine Ratschläge und Tipps und die interessante viertägige „Tagliamento-Exkursion" des Naturwissenschaftlichen Vereins, die er geleitet hat, waren mir eine wertvolle Hilfe.
Wie auch bei **Kaspar Nikles**, der mich gemeinsam mit seiner Frau **Marina** mit Literatur, Tipps und köstlichen friulanischen Gerichten versorgt hat.
Nicht zuletzt danke ich meiner Frau **Rosemarie** für ihre großartige Begleitung.

LITERATUR- UND QUELLENVERZEICHNIS

Università di Udine, Hg. Circolo Menocchio: „Il Tagliamento", Cierre edizione, Sommacampagna, 2010

Antonio de Cillia: „I fiumi del Friuli Venezia Giulia", Paolo Gaspari Editore, 2000

Richard Zürcher: „Friaul und Istrien", Prestel, 1982

Marina Lunazzi: „Tra storia e fede, Guida storico-artistica a pievi e siti archeologici in Carnia", Regione Autonoma Friuli Venezia Giulia

Eckhard Peterich: „Italien", Prestel, 2002

Martin Wutte: „Das Kanaltal", Verlag des Geschichtsvereins für Kärnten, 2009

Stefano Tonizzo: „Il Sanvitese – Percorsi artistici, storici, naturalistici", Arti Grafiche Friulane S.p.A., 2005

Volker Reinhardt: „Geschichte Italiens", C.H. Beck, 1999

Eva Bakos: „Richtig Reisen – Friaul, Triest, Venetien", DuMont, 1985

Antonella Faverano: „Kunsthistorischer und naturalistischer Reiseführer – Friaul-Julisch Venetien, Bruno Fachin Editore, 2010

Klaus Zimmermann et al.: „Friaul und Triest", DuMont Kunst-Reiseführer, 2012

Gerhard Pilgram et al.: „Die letzten Täler – Wandern und Einkehren", Drava/Unikum, 2008

Ingrid Pilz: Friulanische Dolomiten und Karnische Alpen, Carinthia, 2007

La Biblioteca di Repubblica: „Friuli Venezia Giulia", Touring Club Italiano, 2005

BILDNACHWEIS

Alle Bilder von Werner Freudenberger, außer:

Helmut Zwander: S. 11, 108, 109, 142 li.

Kaspar Nikles: S. 111

Rosemarie Freudenberger: 15, 18, 19, 45, 66, 78, 88, 142 re.